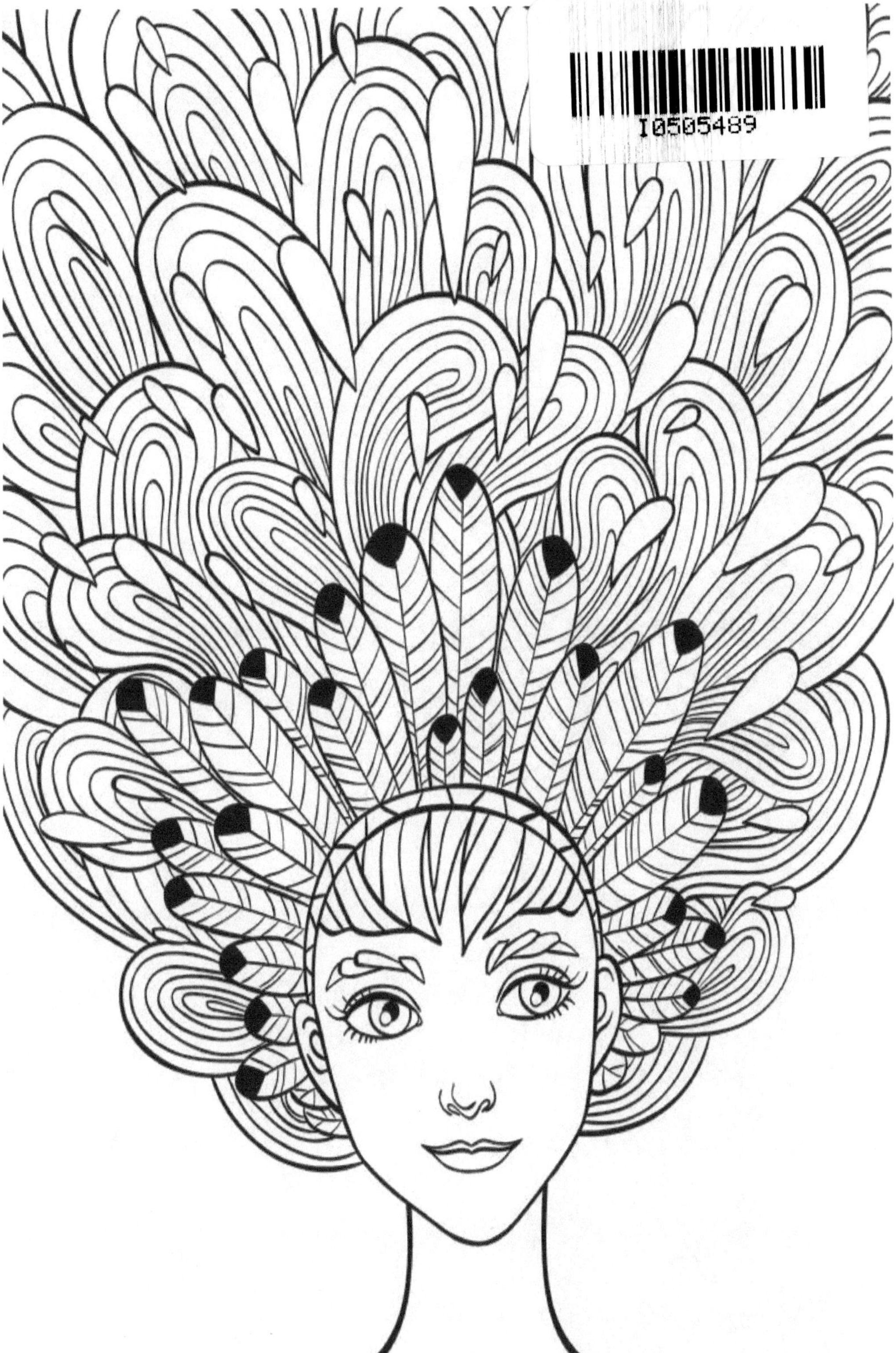

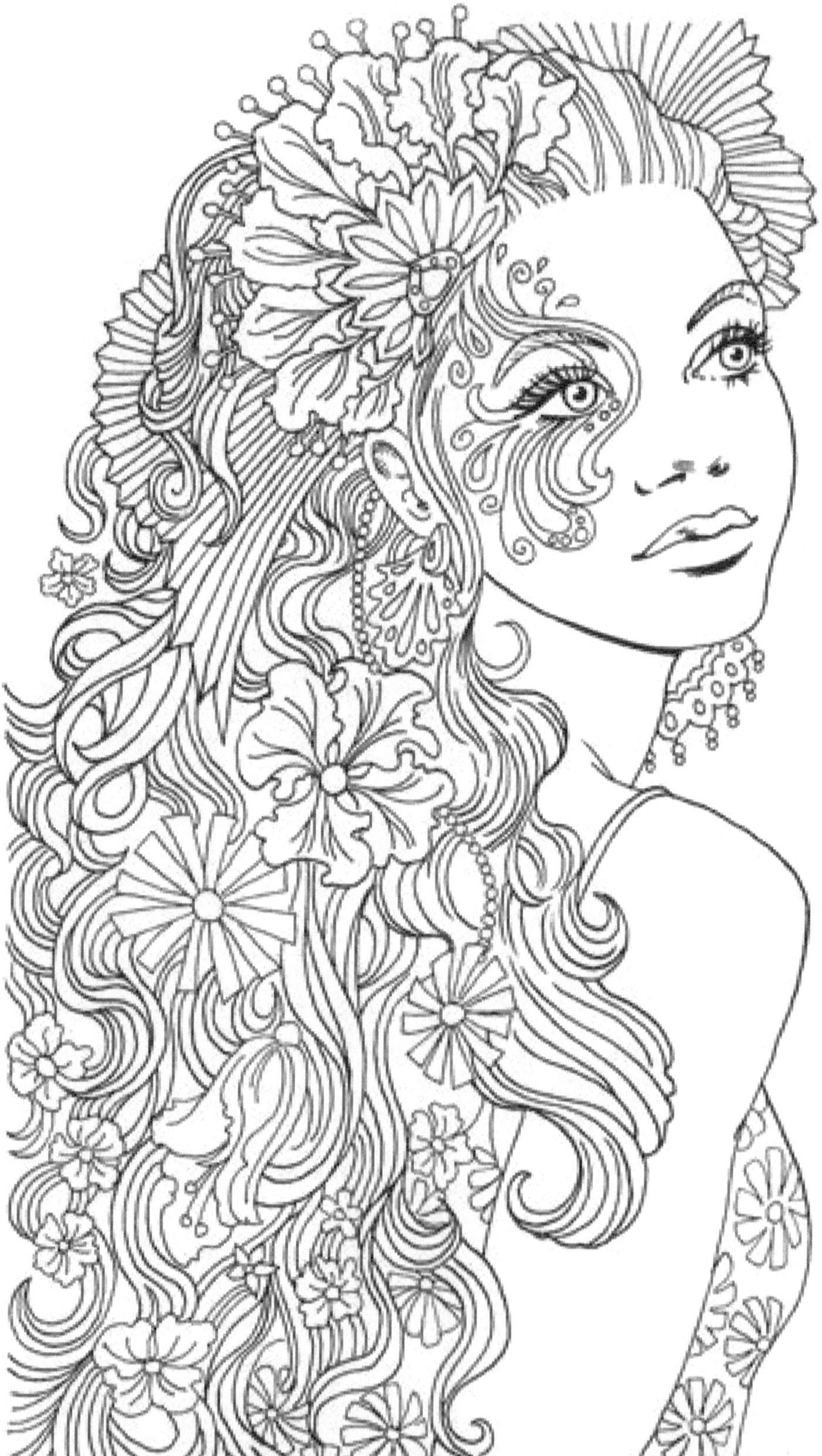

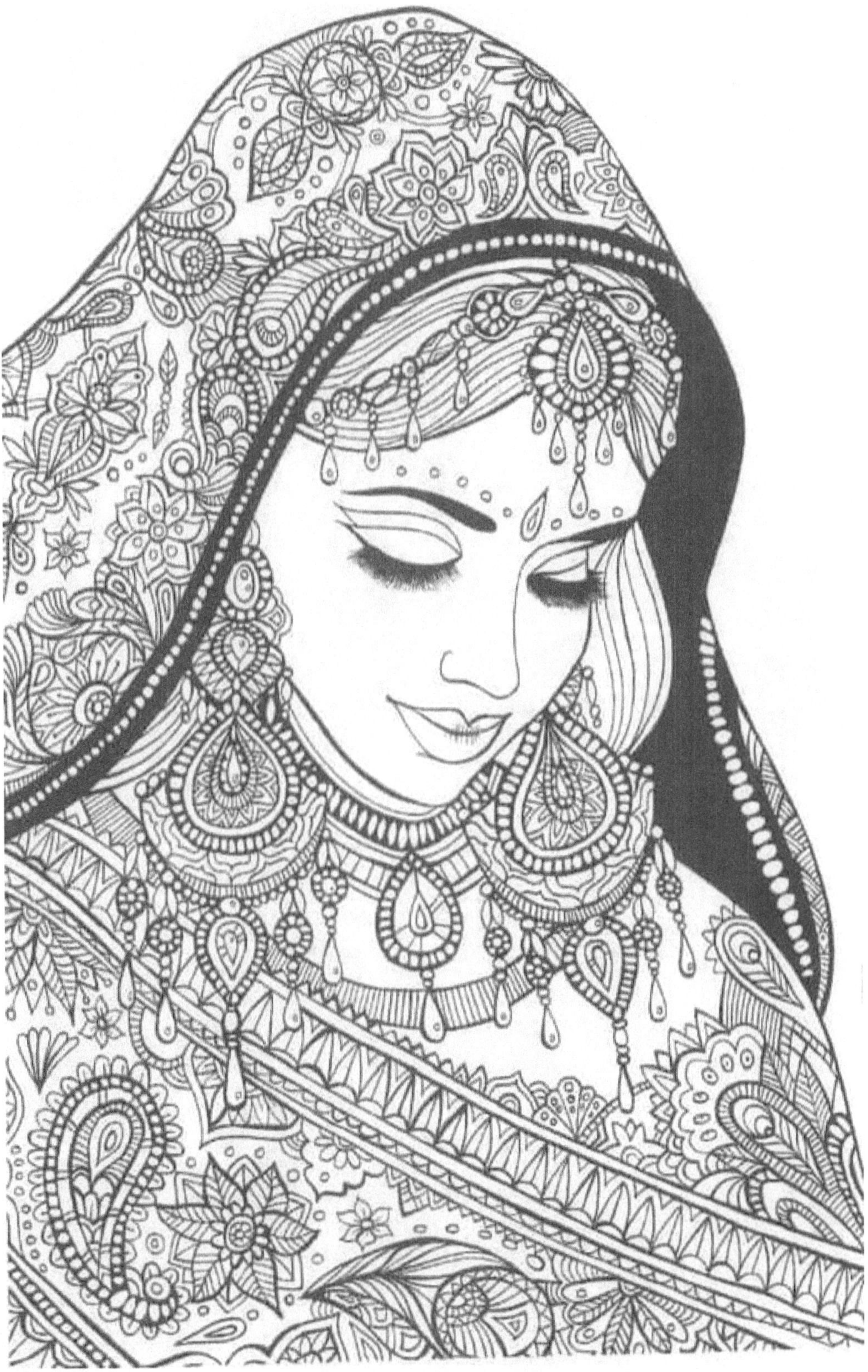

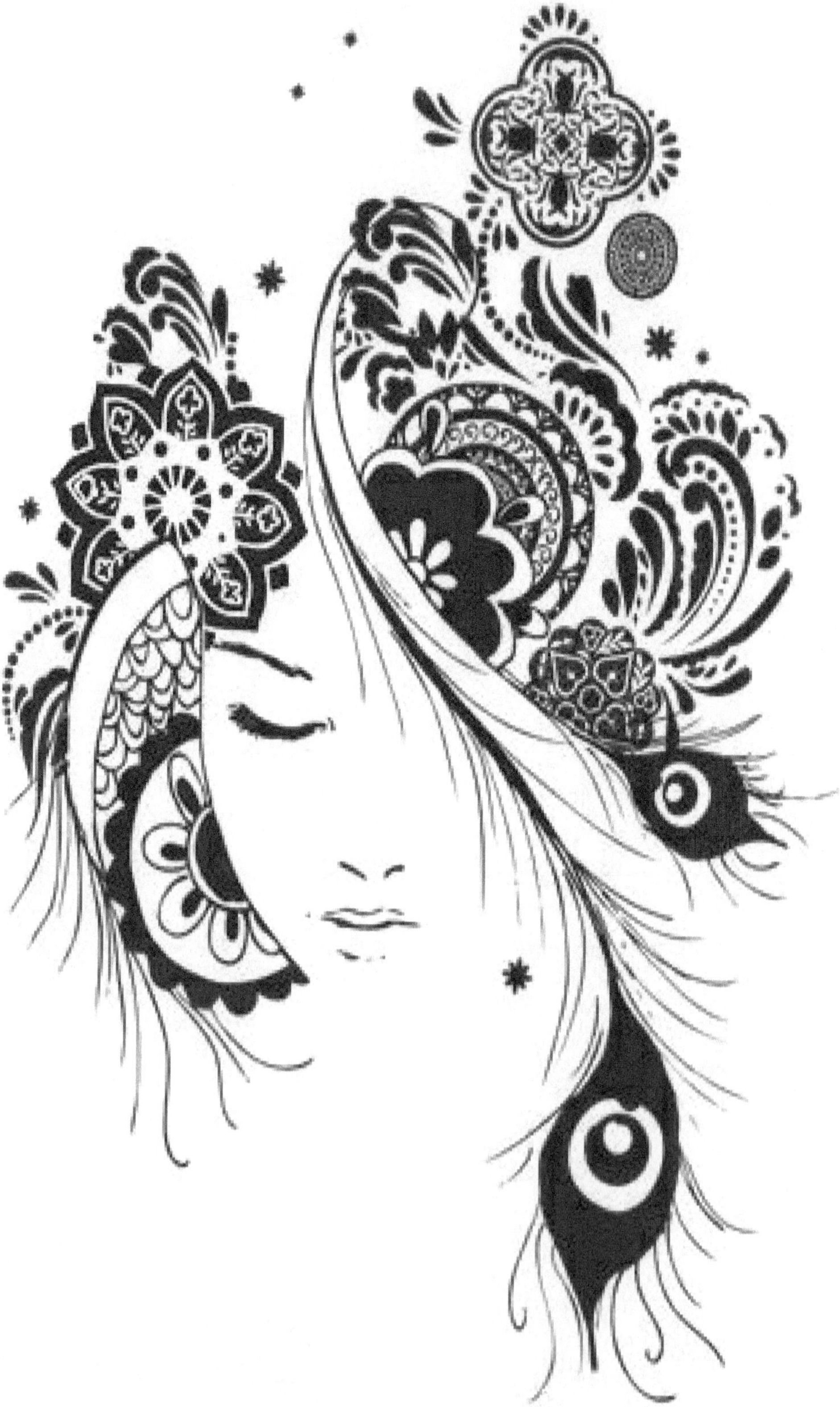

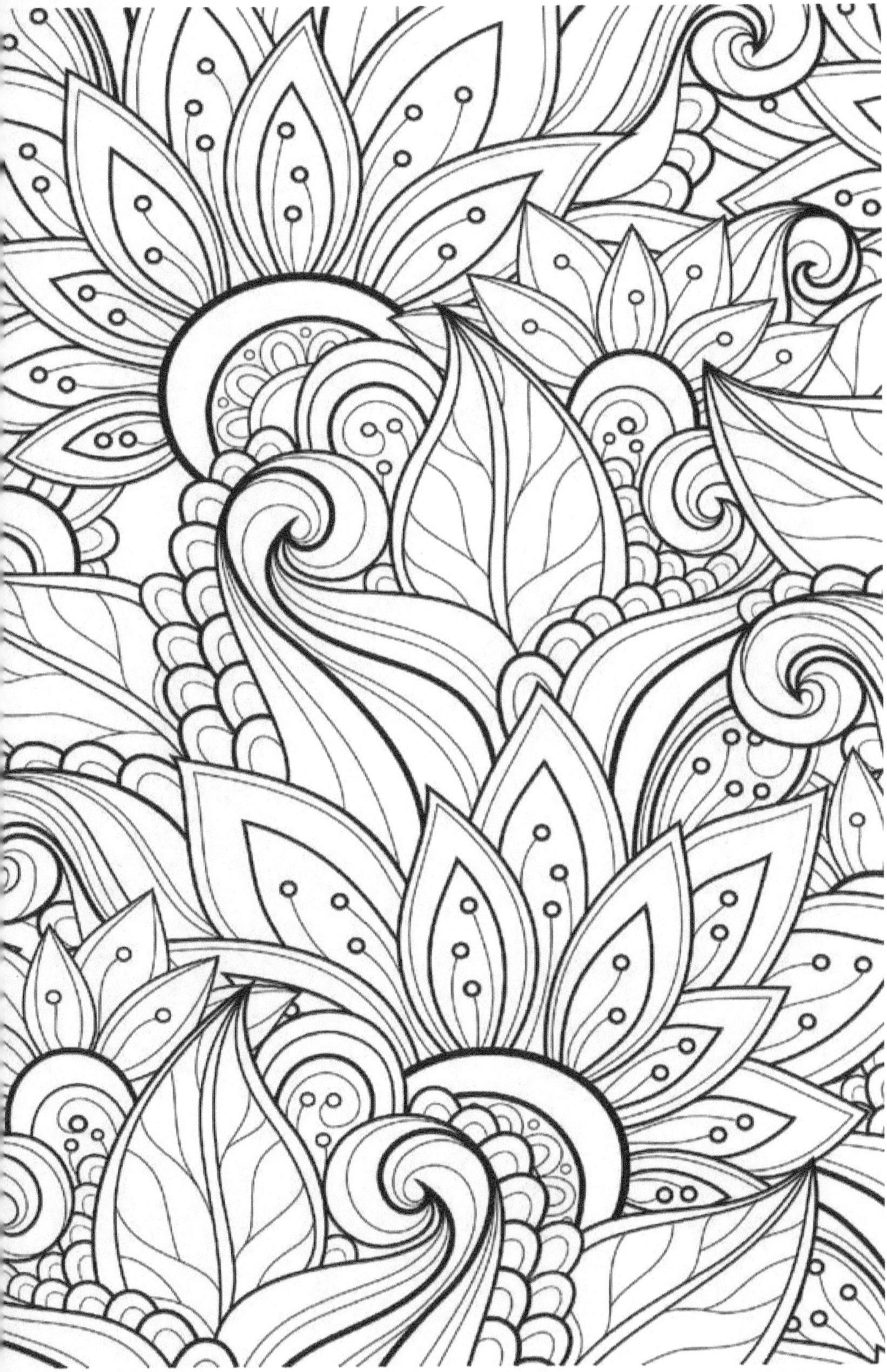

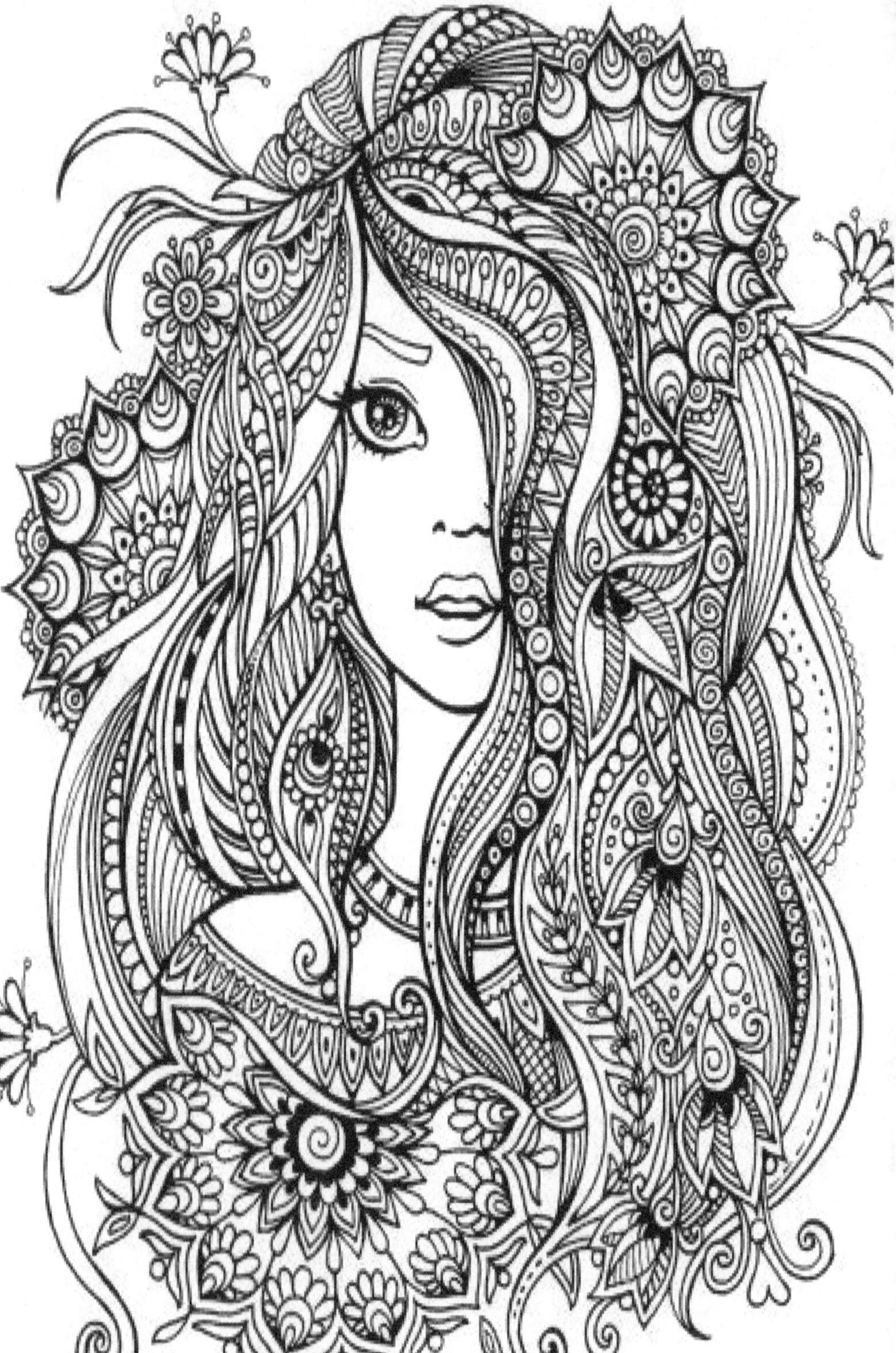

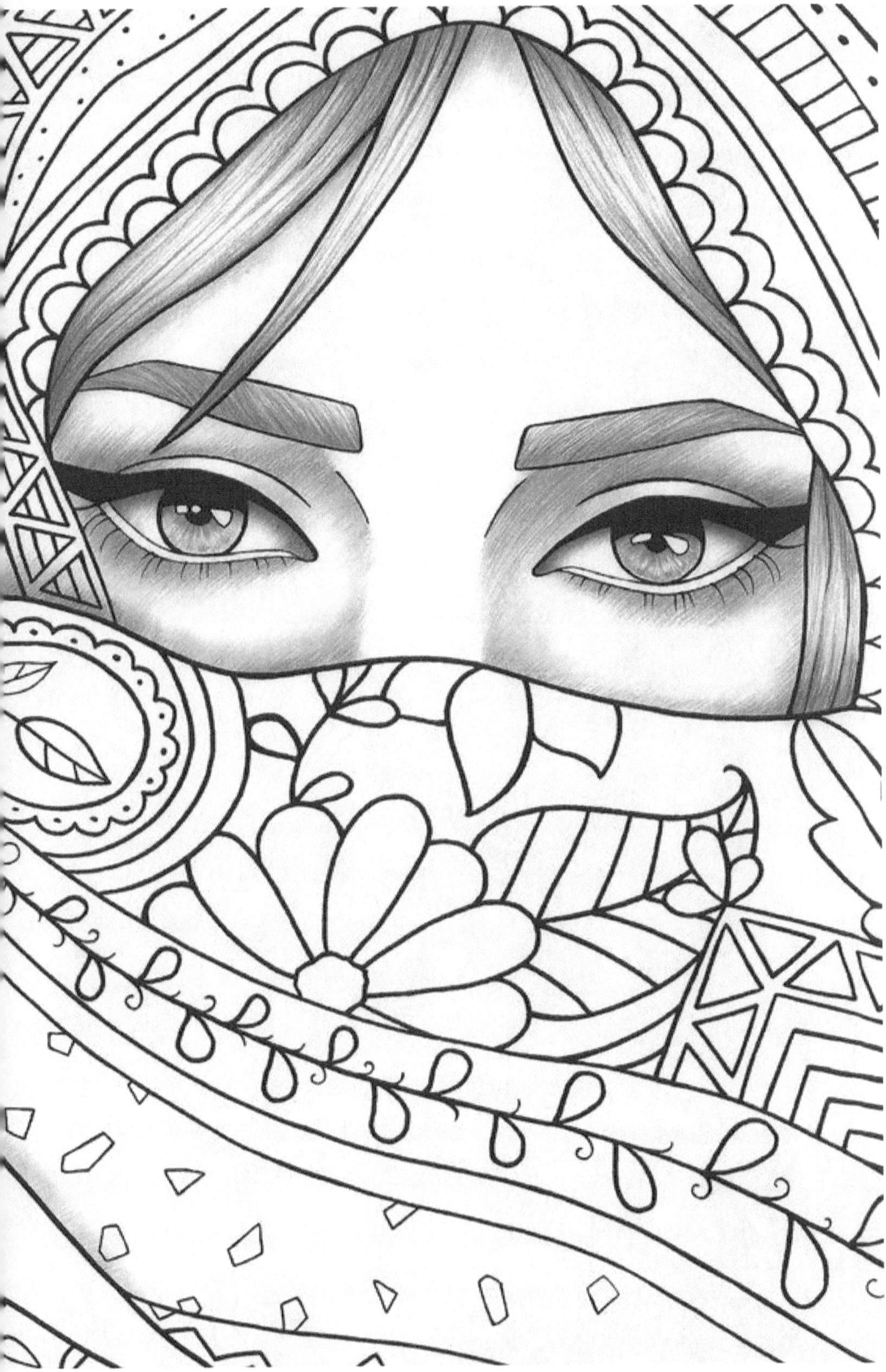

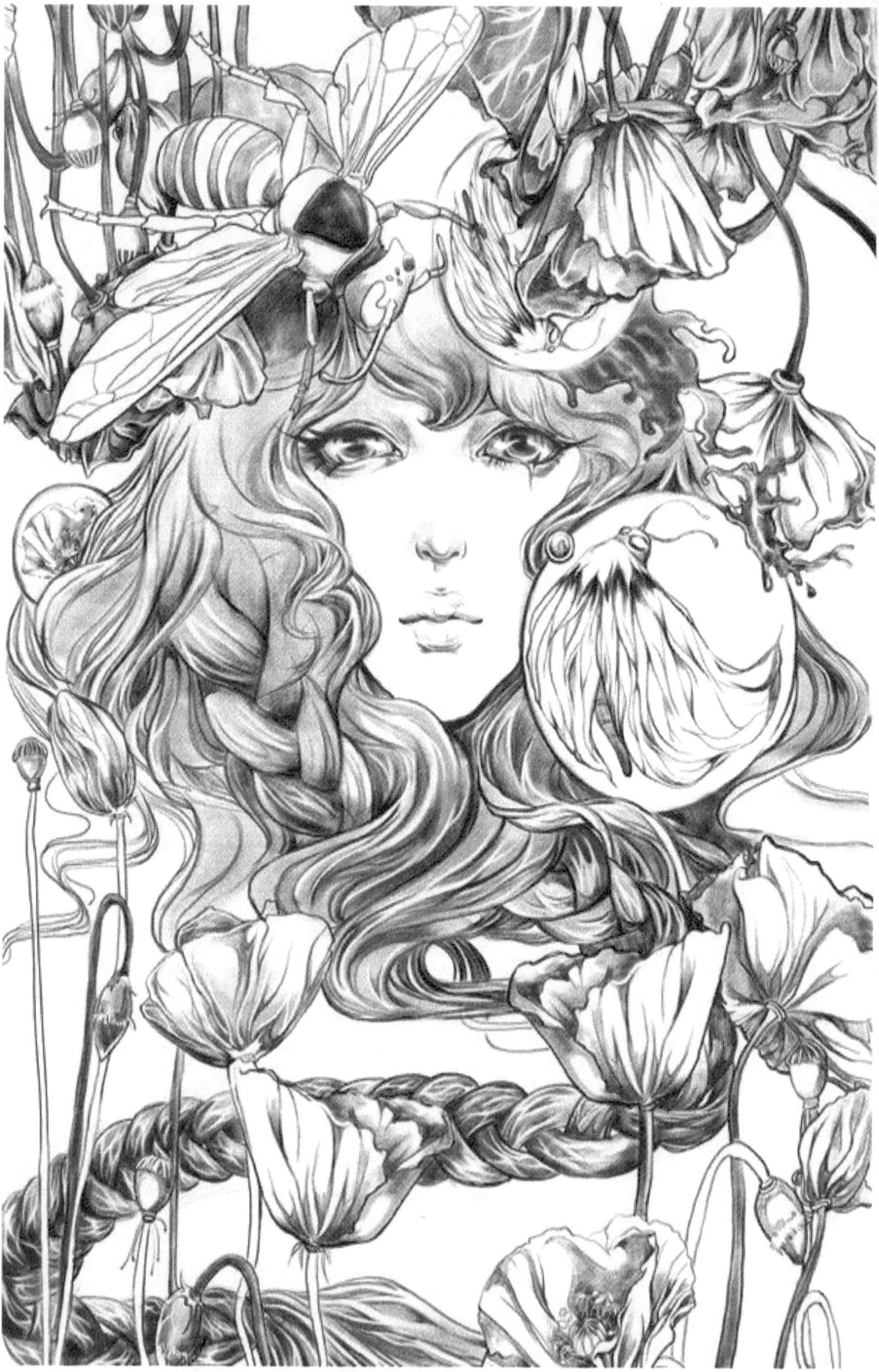

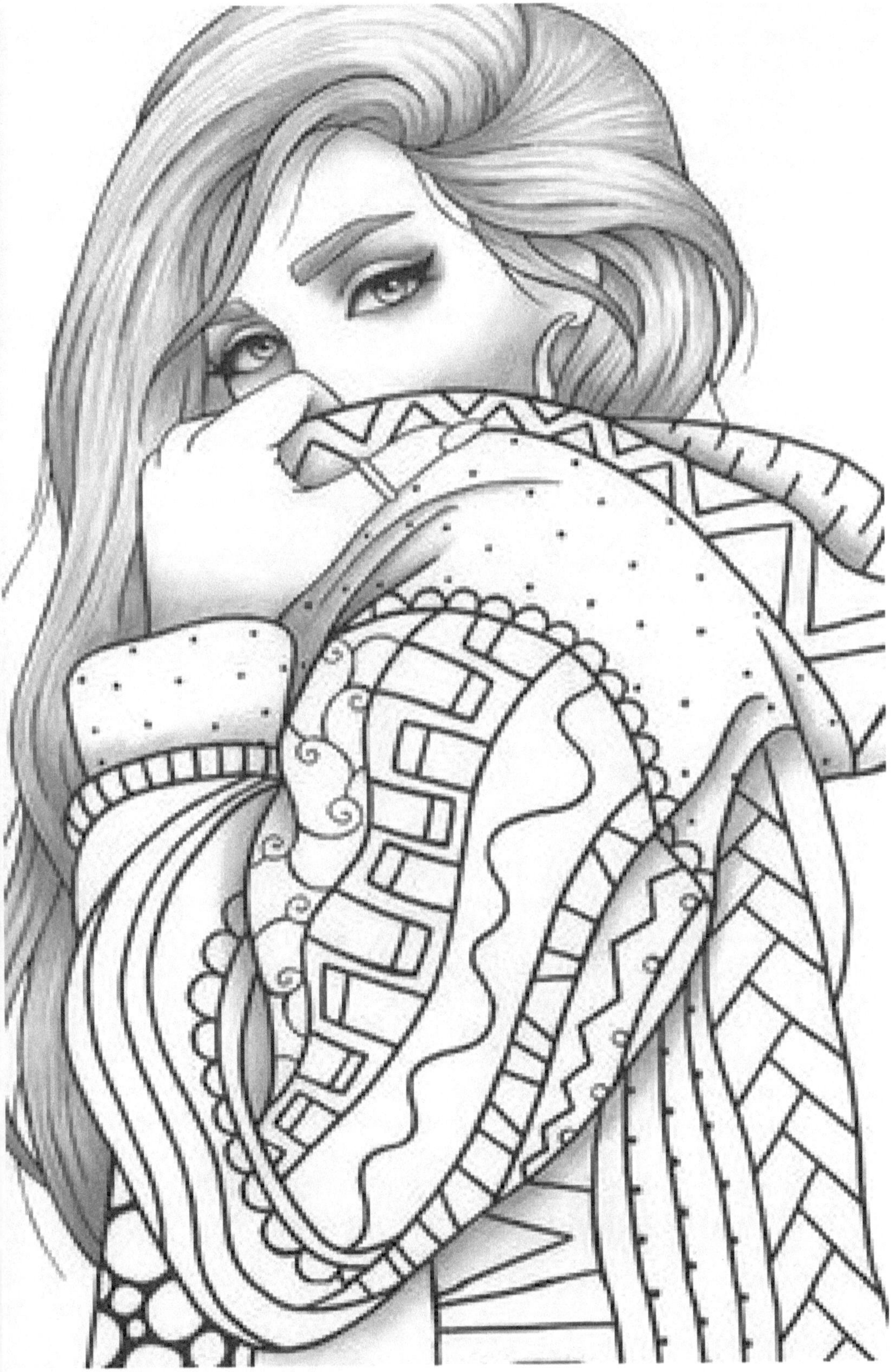

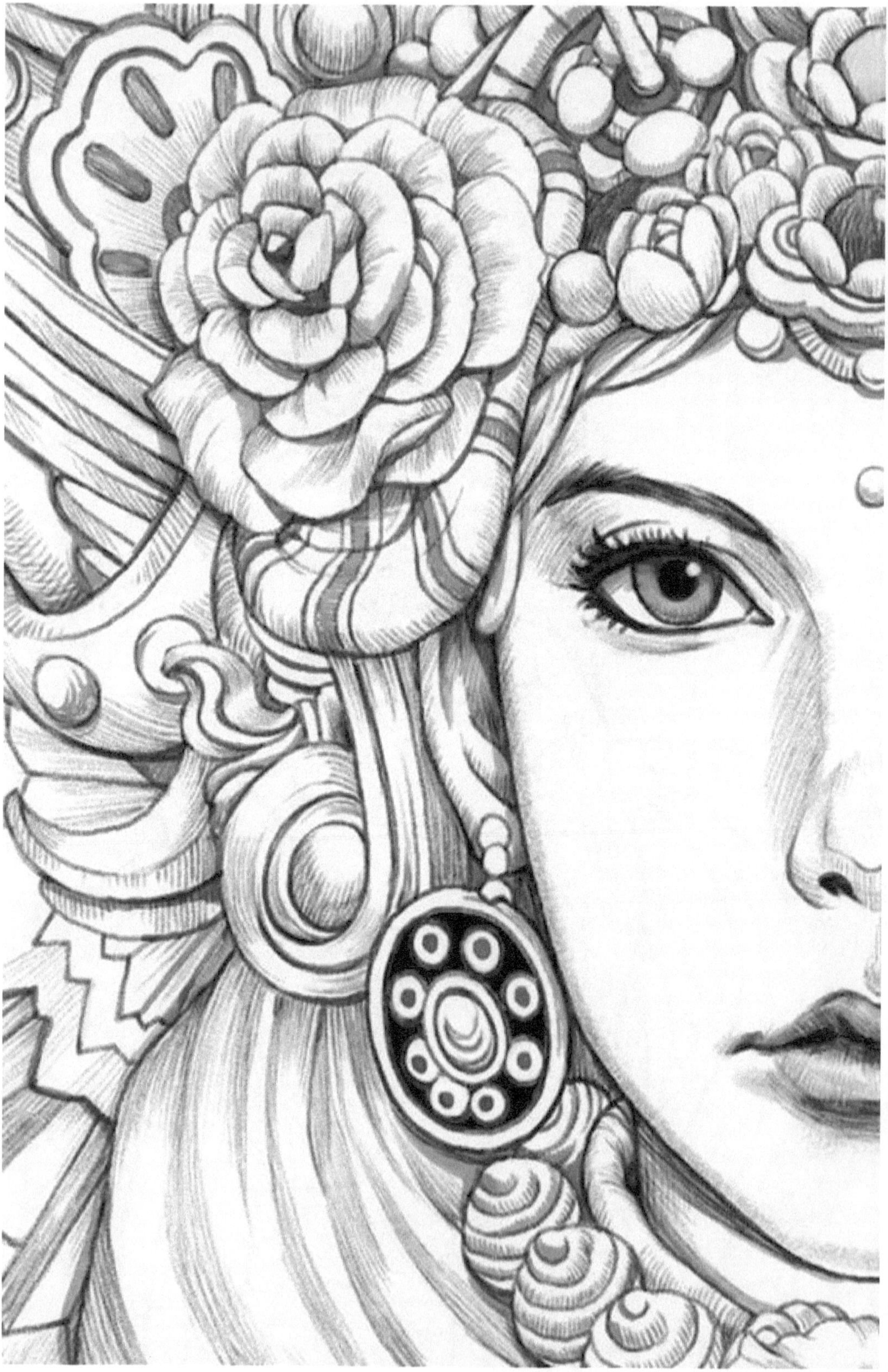

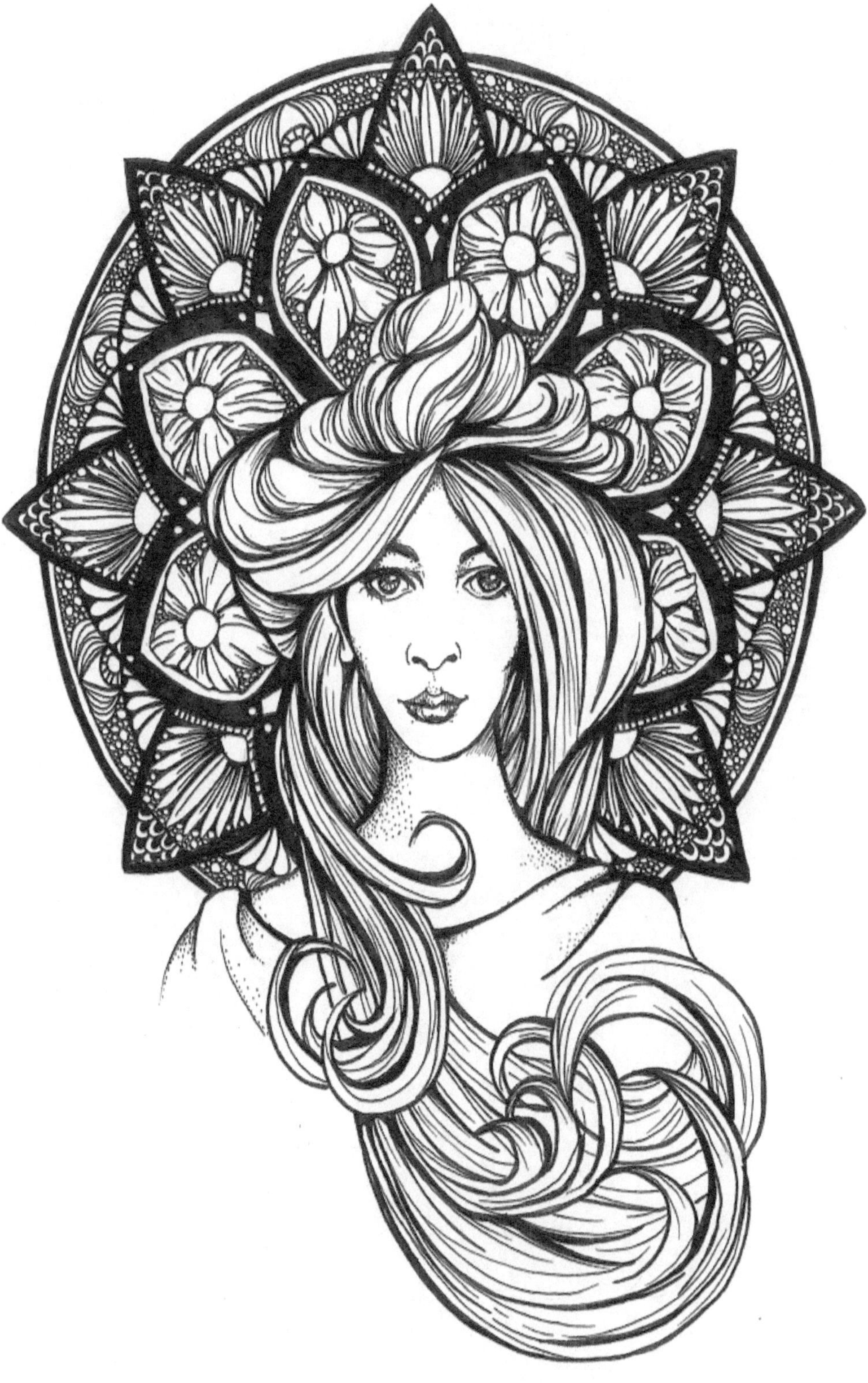

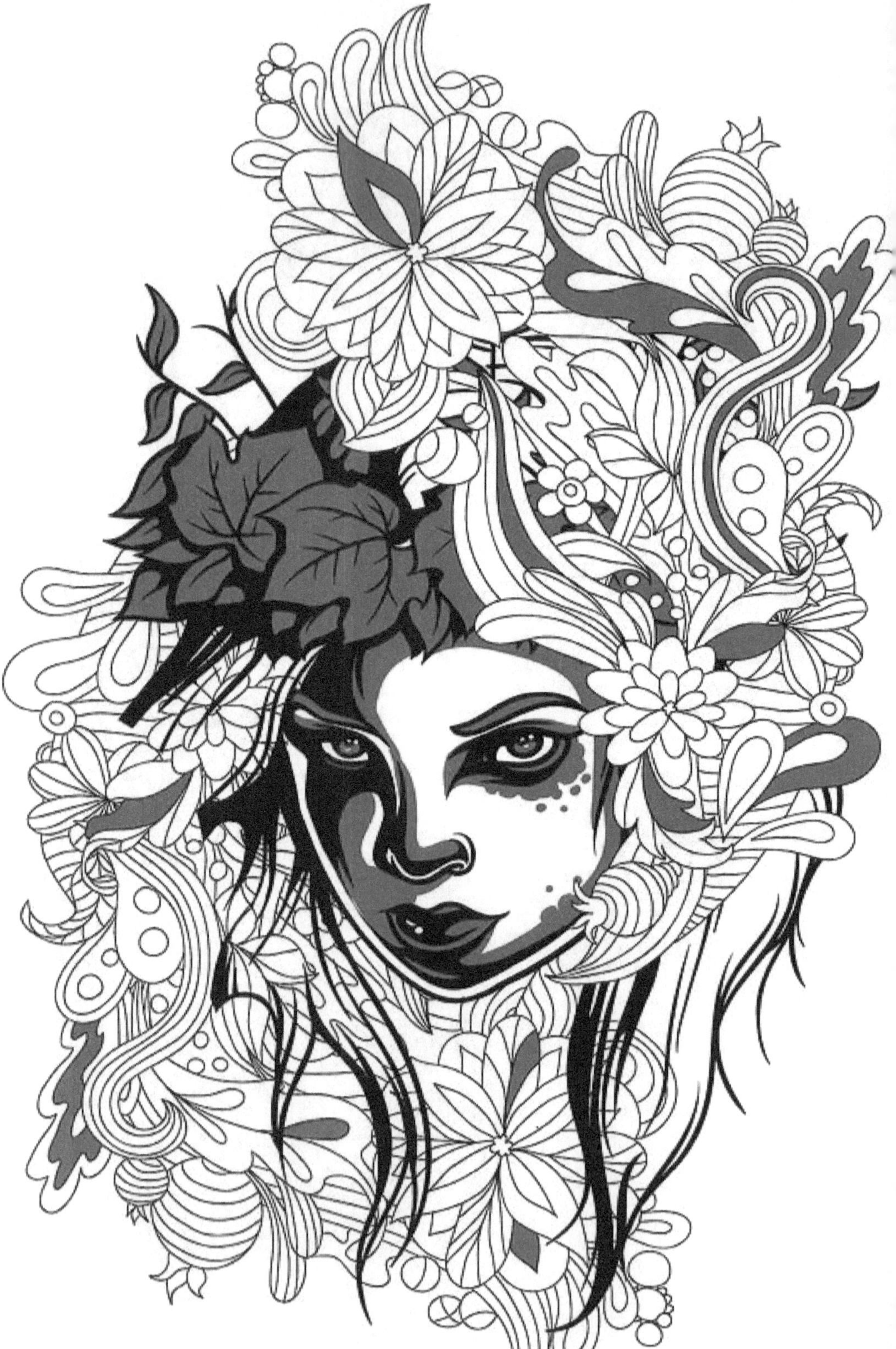

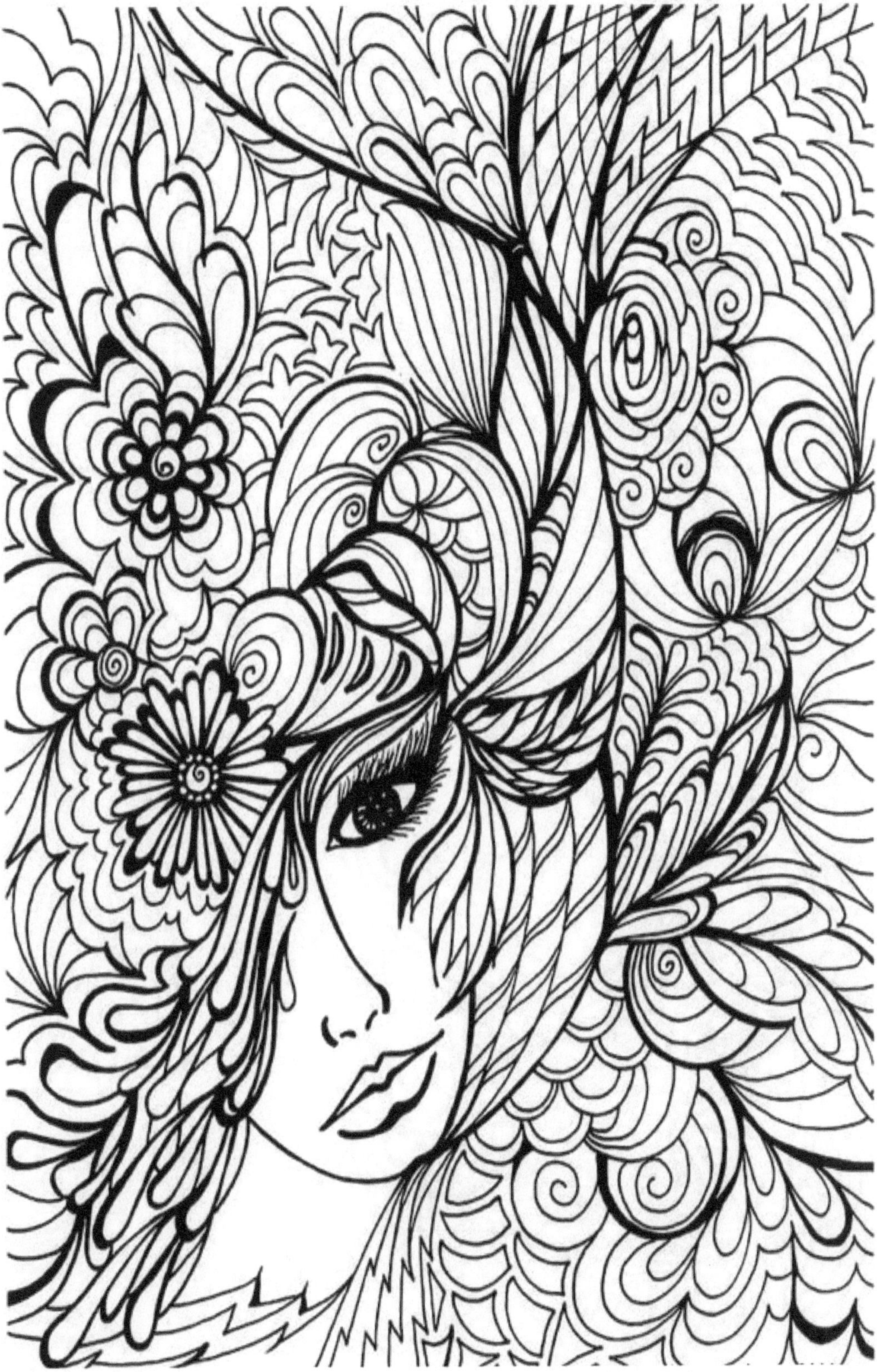

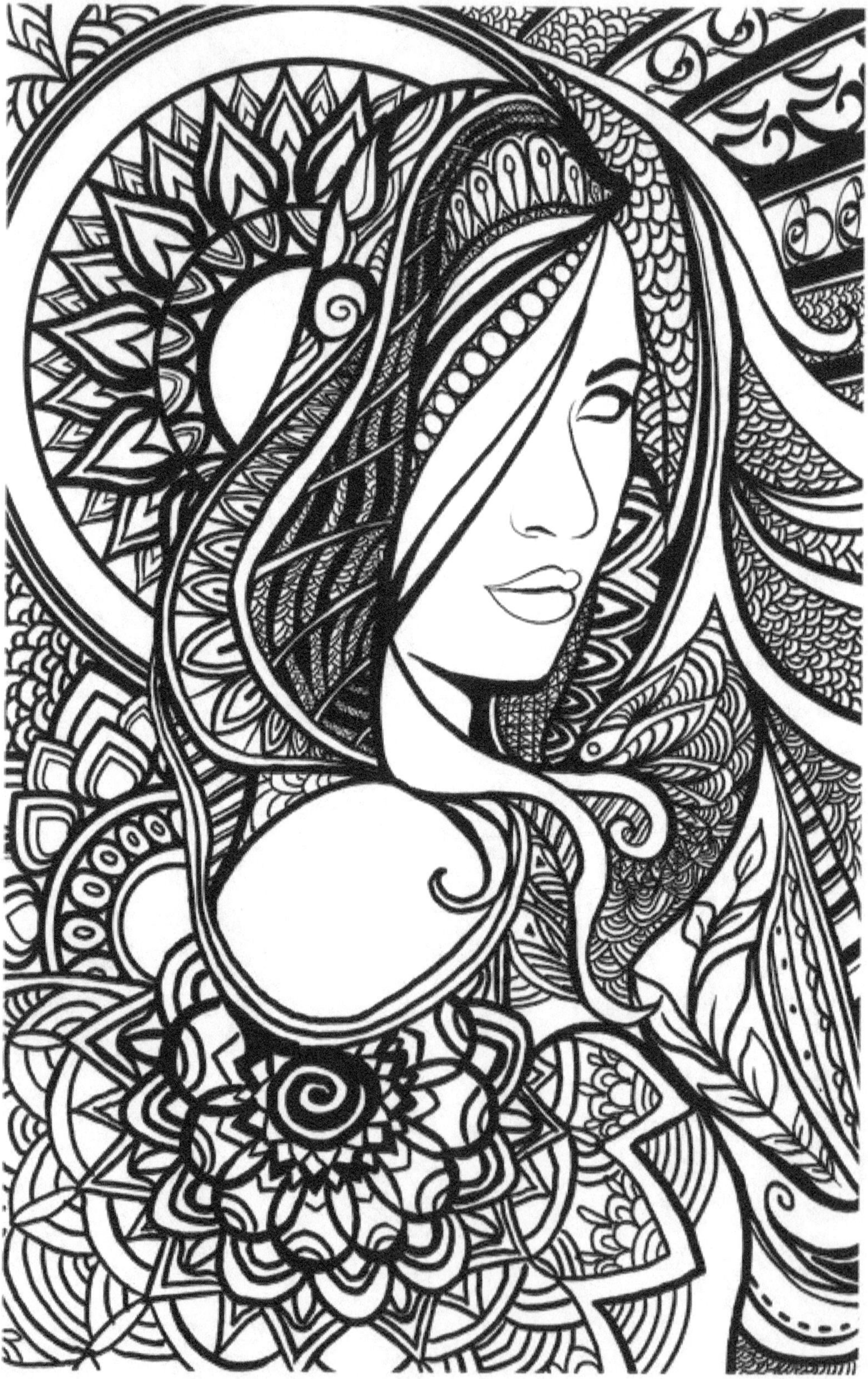

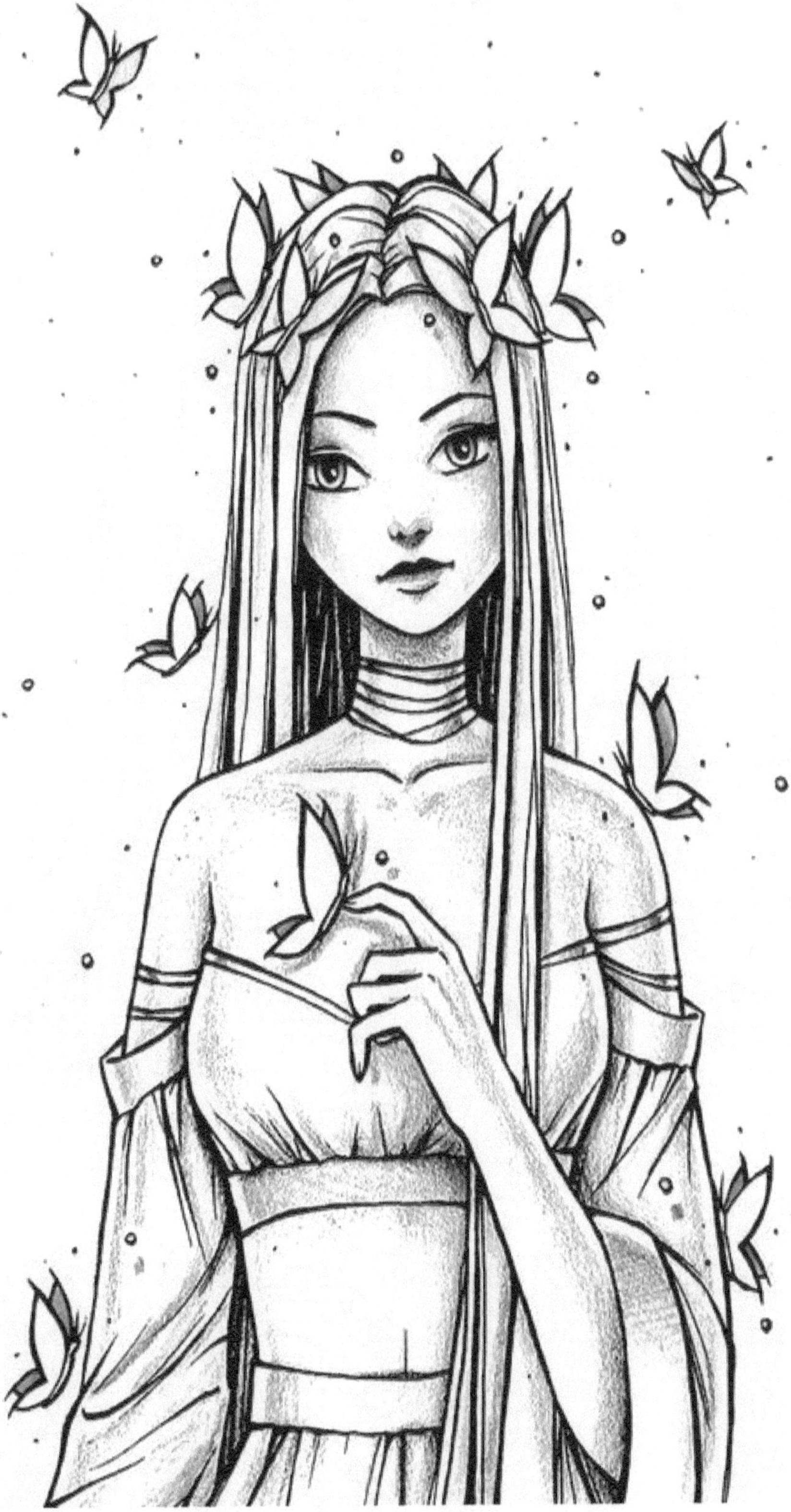

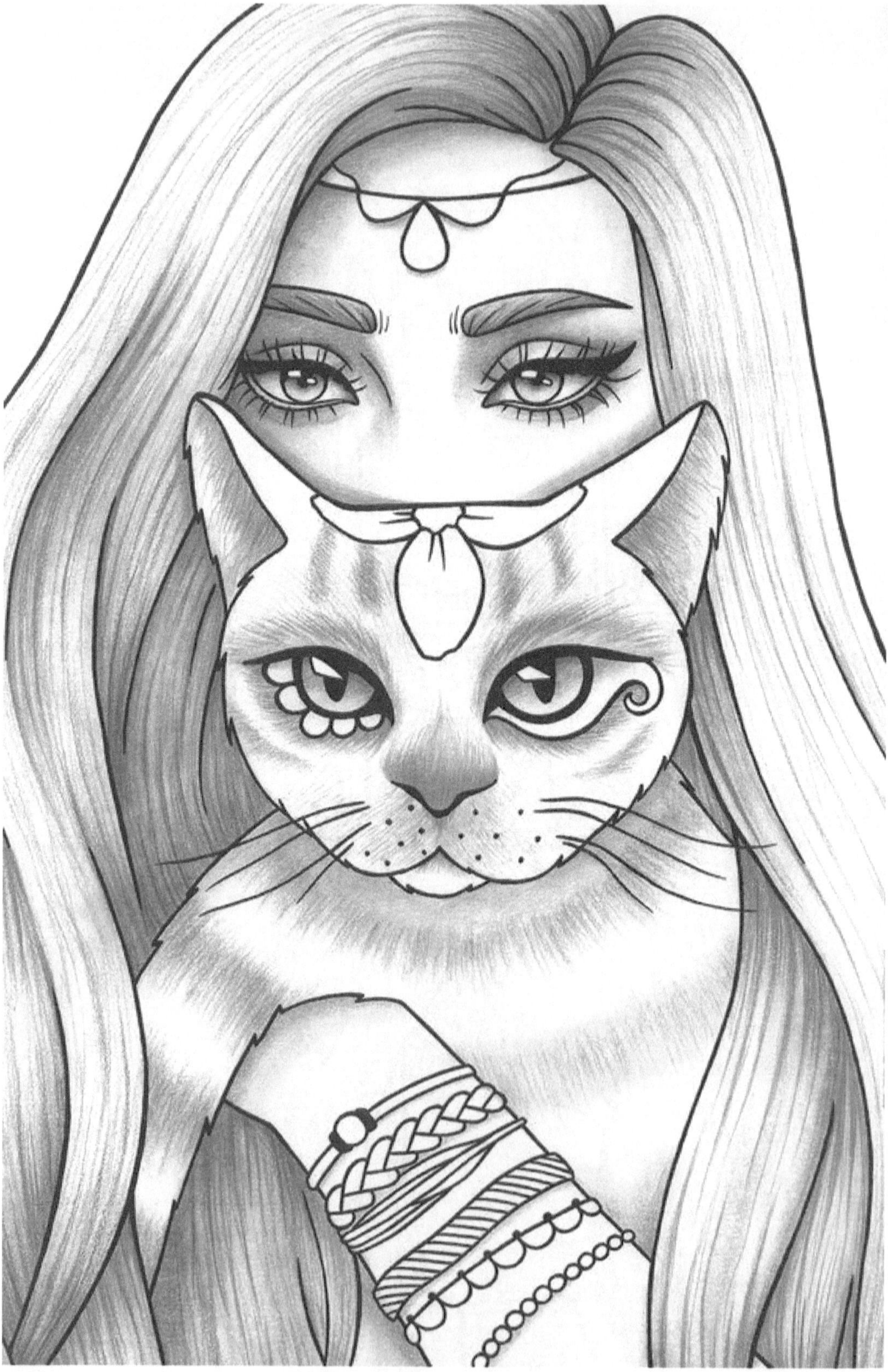

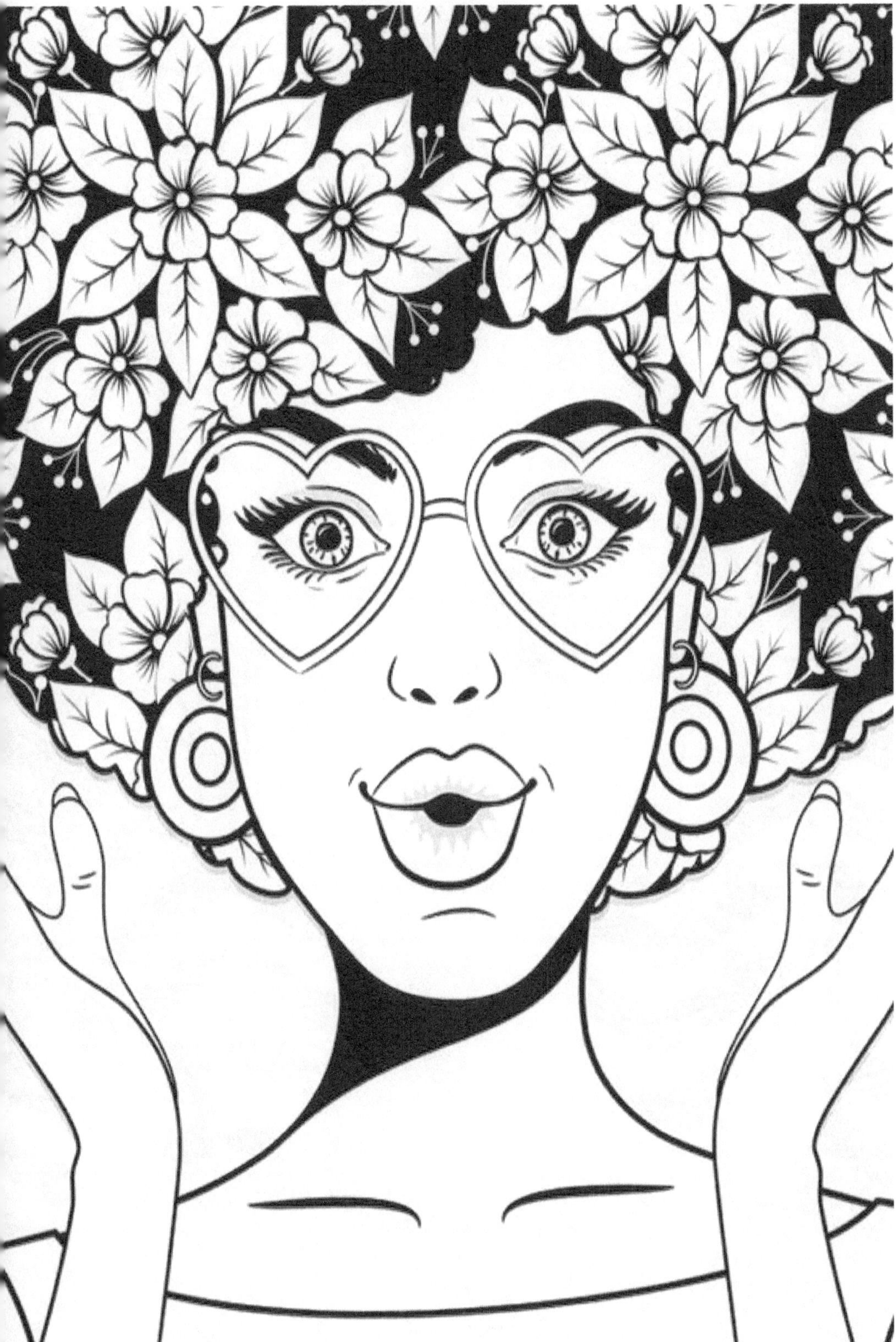

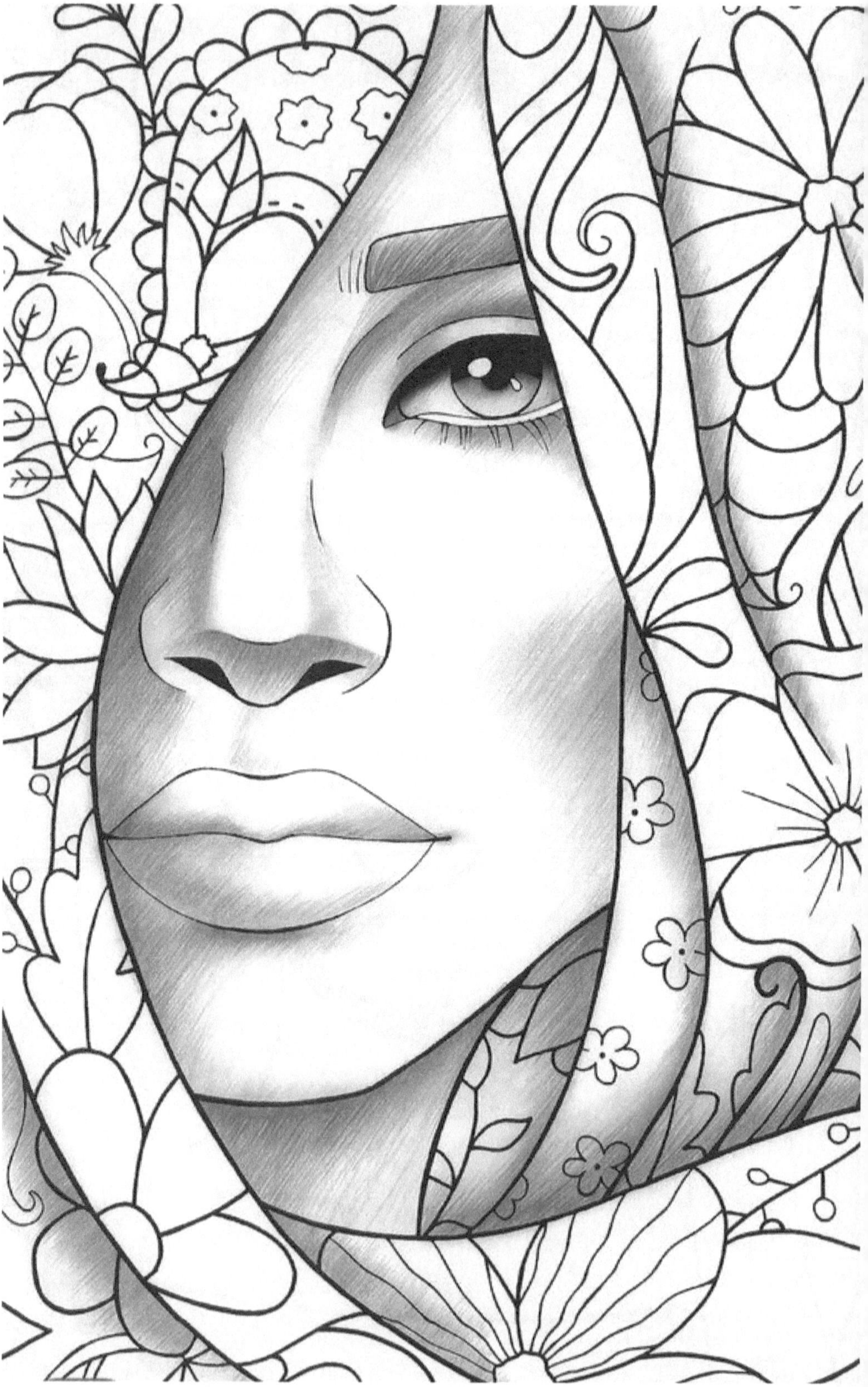

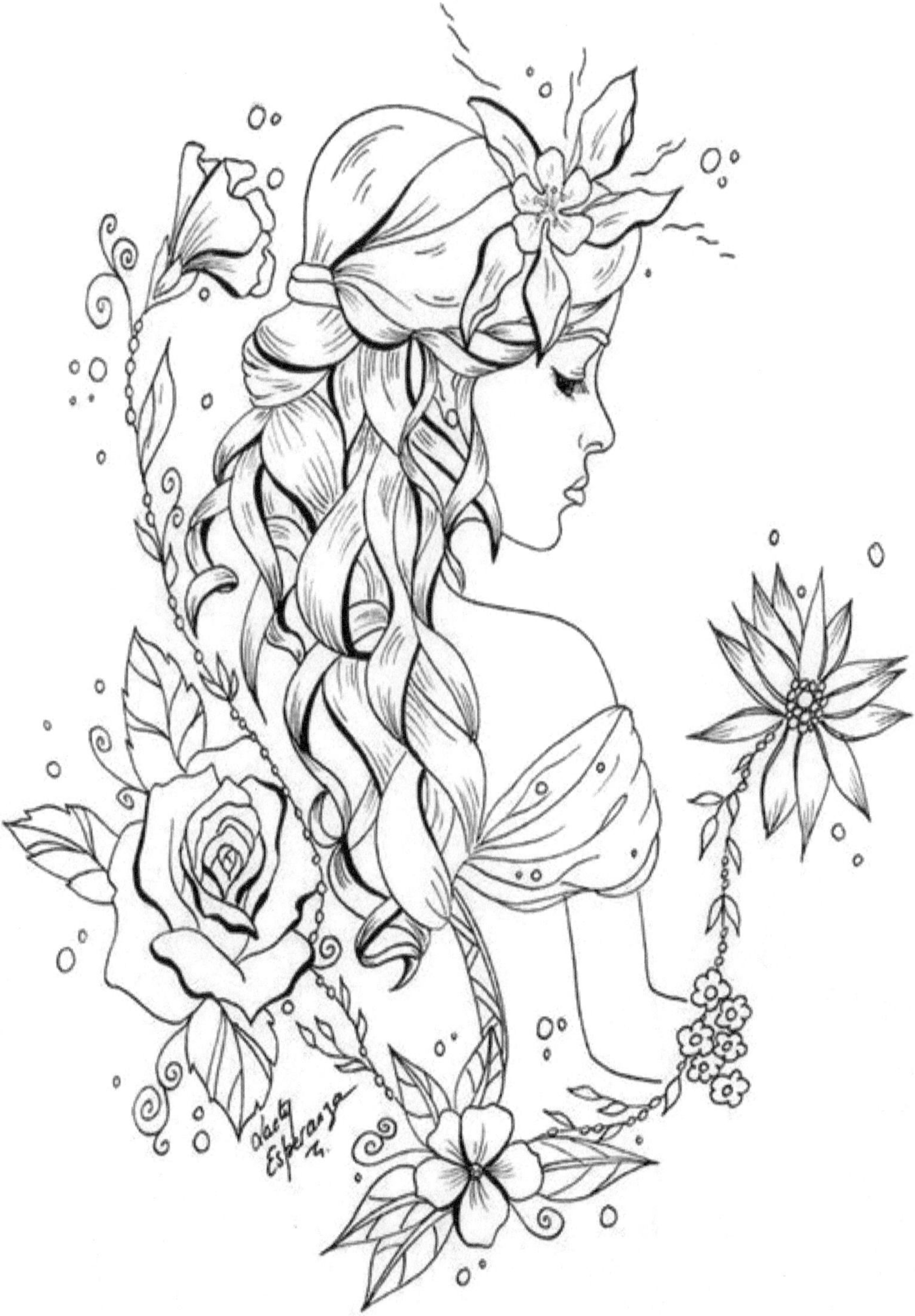

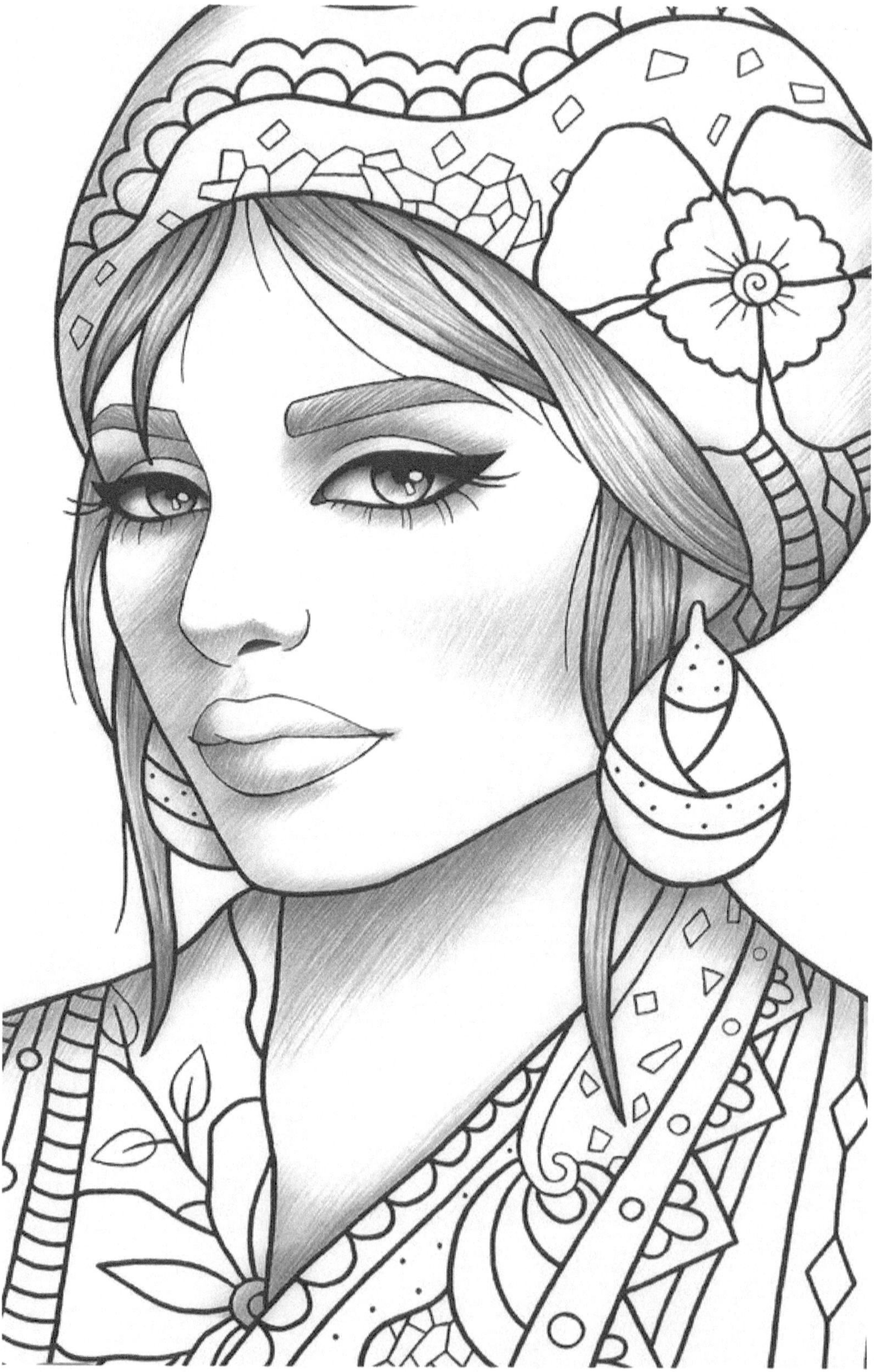

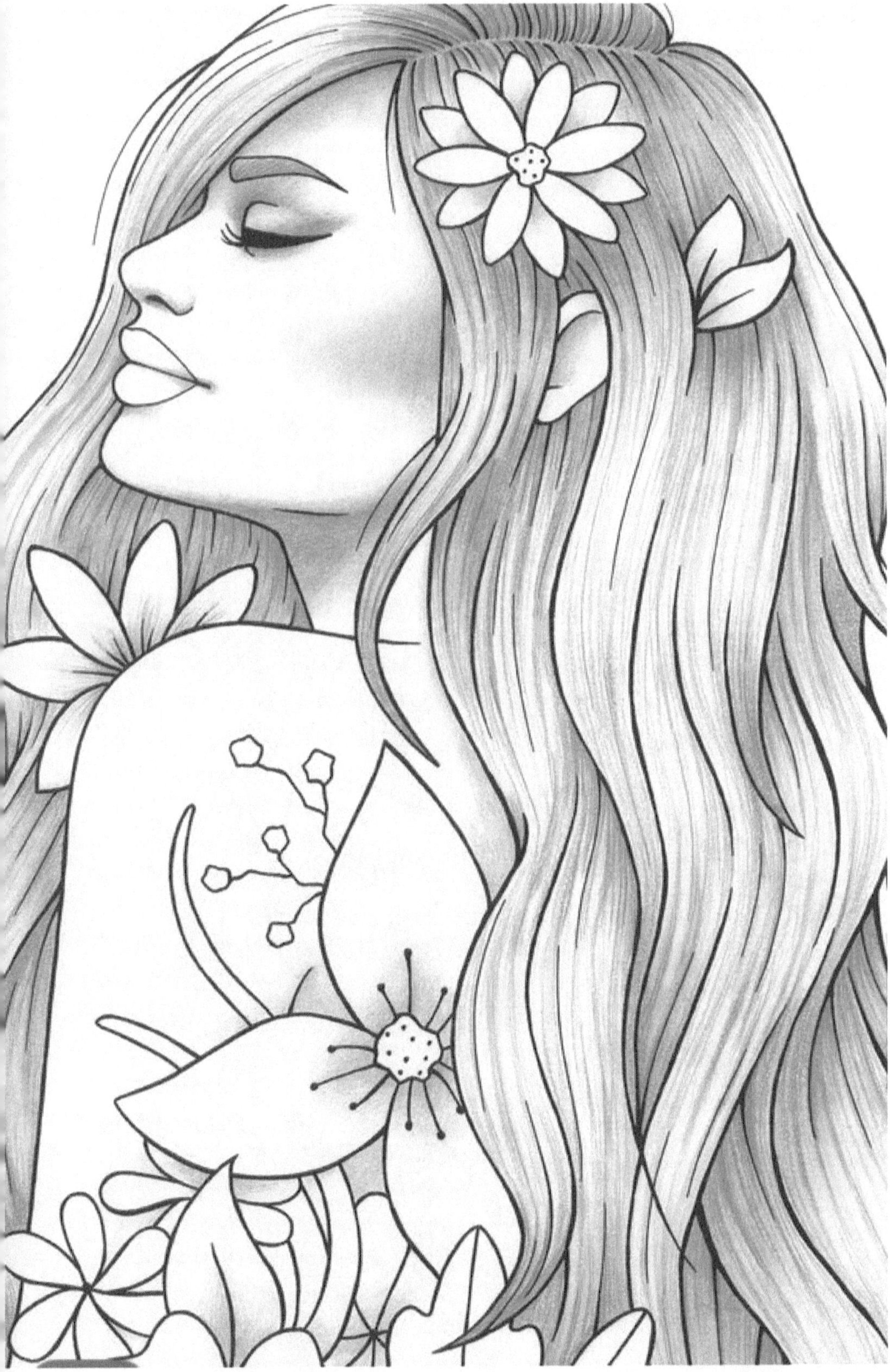

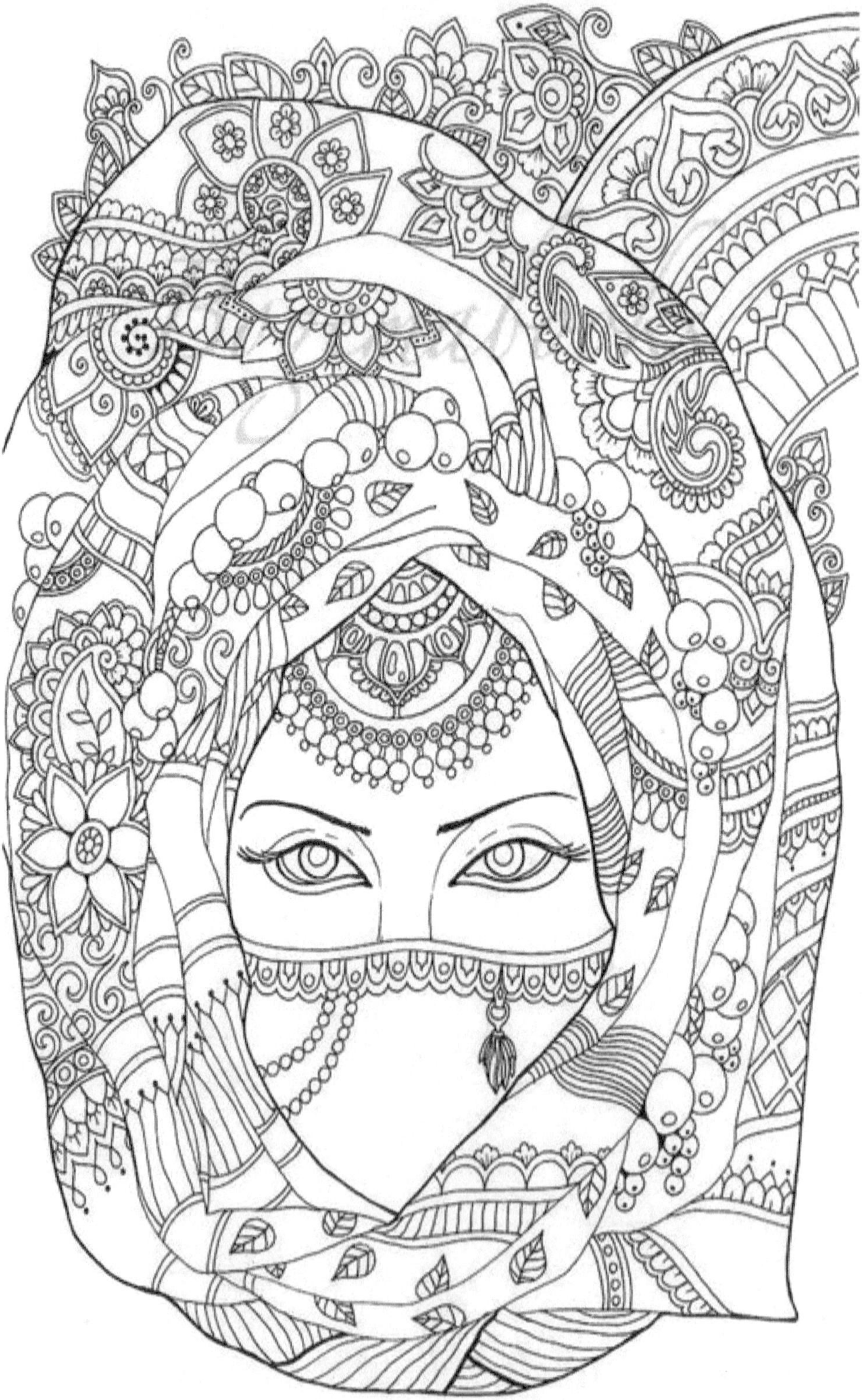

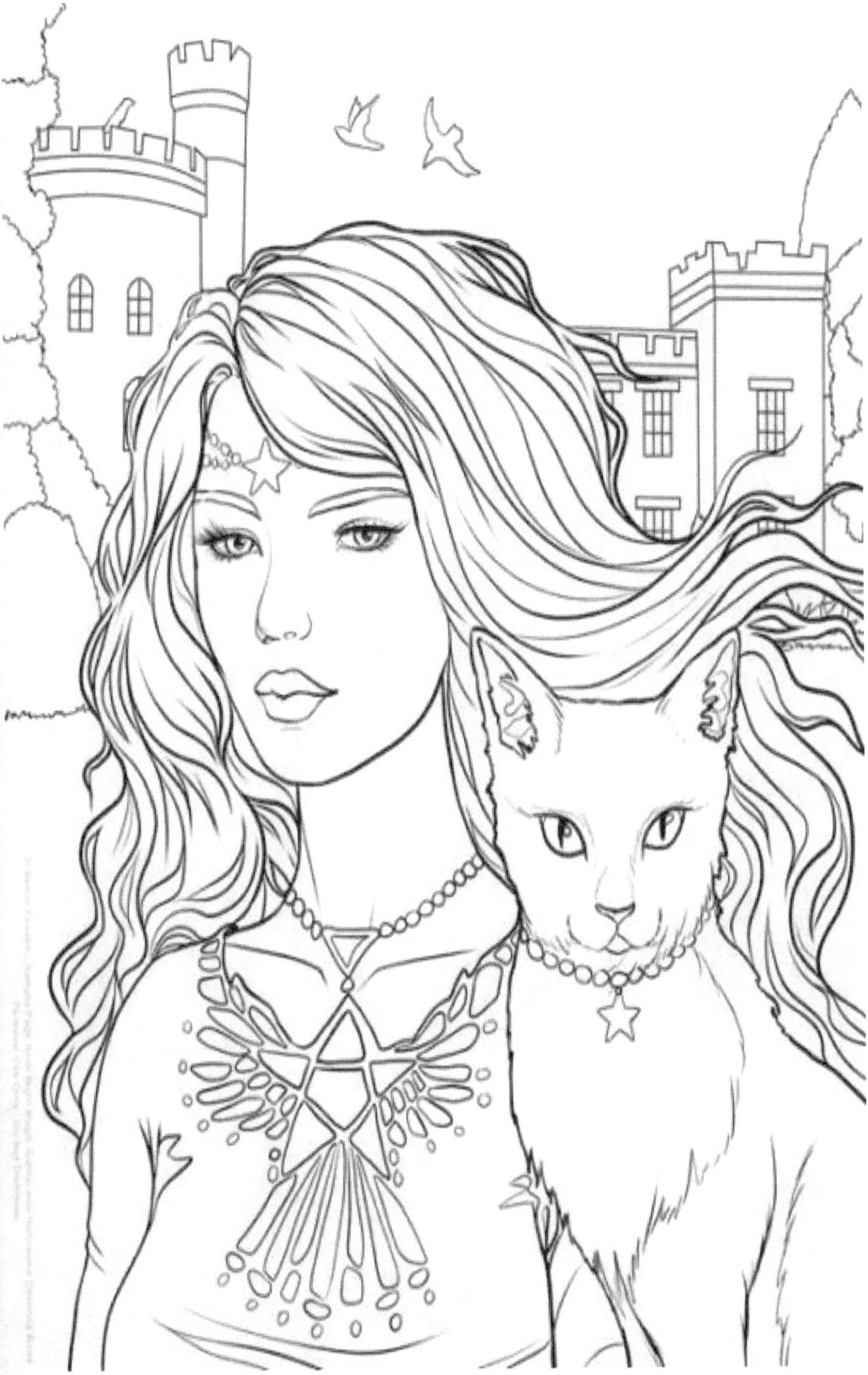

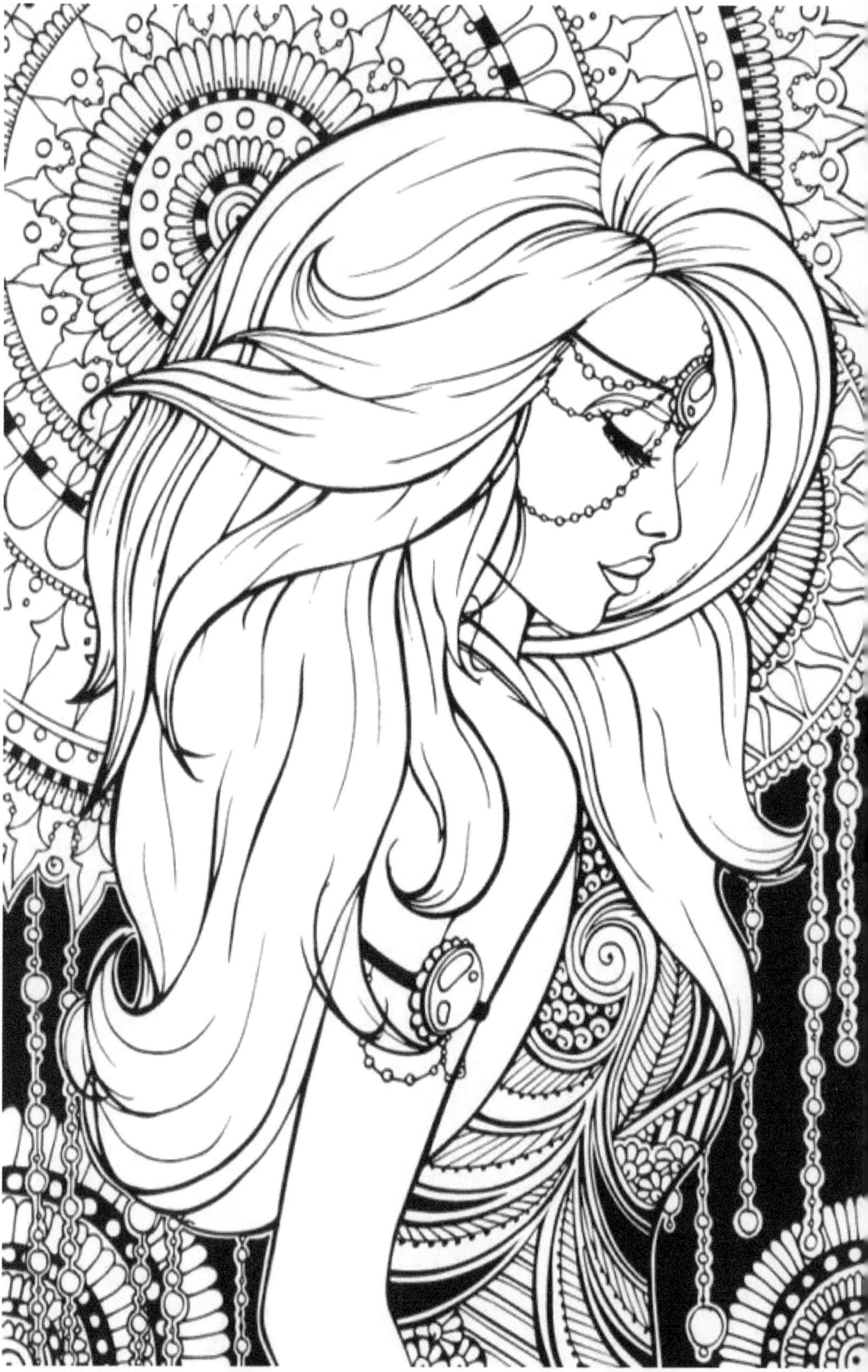

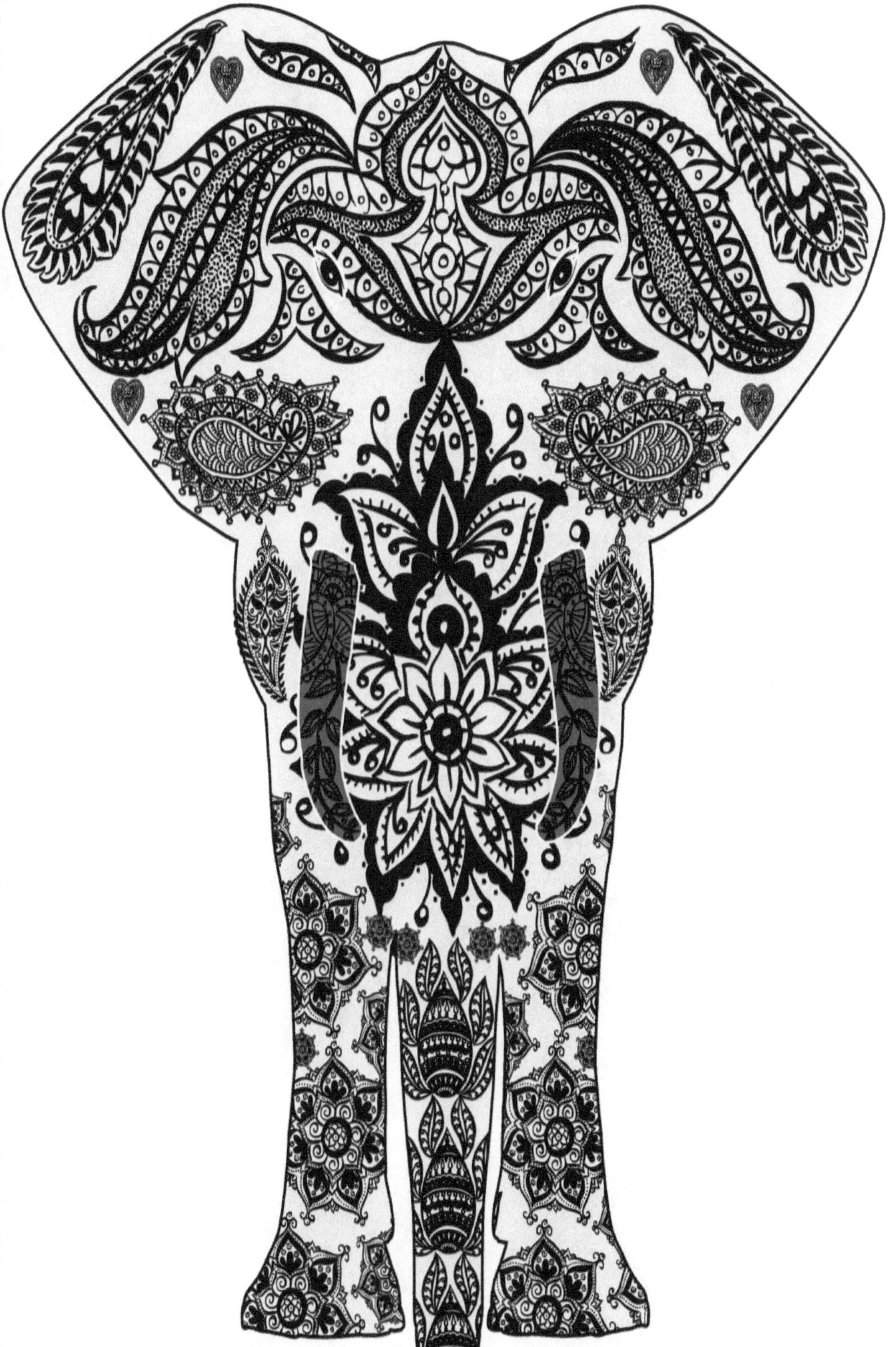

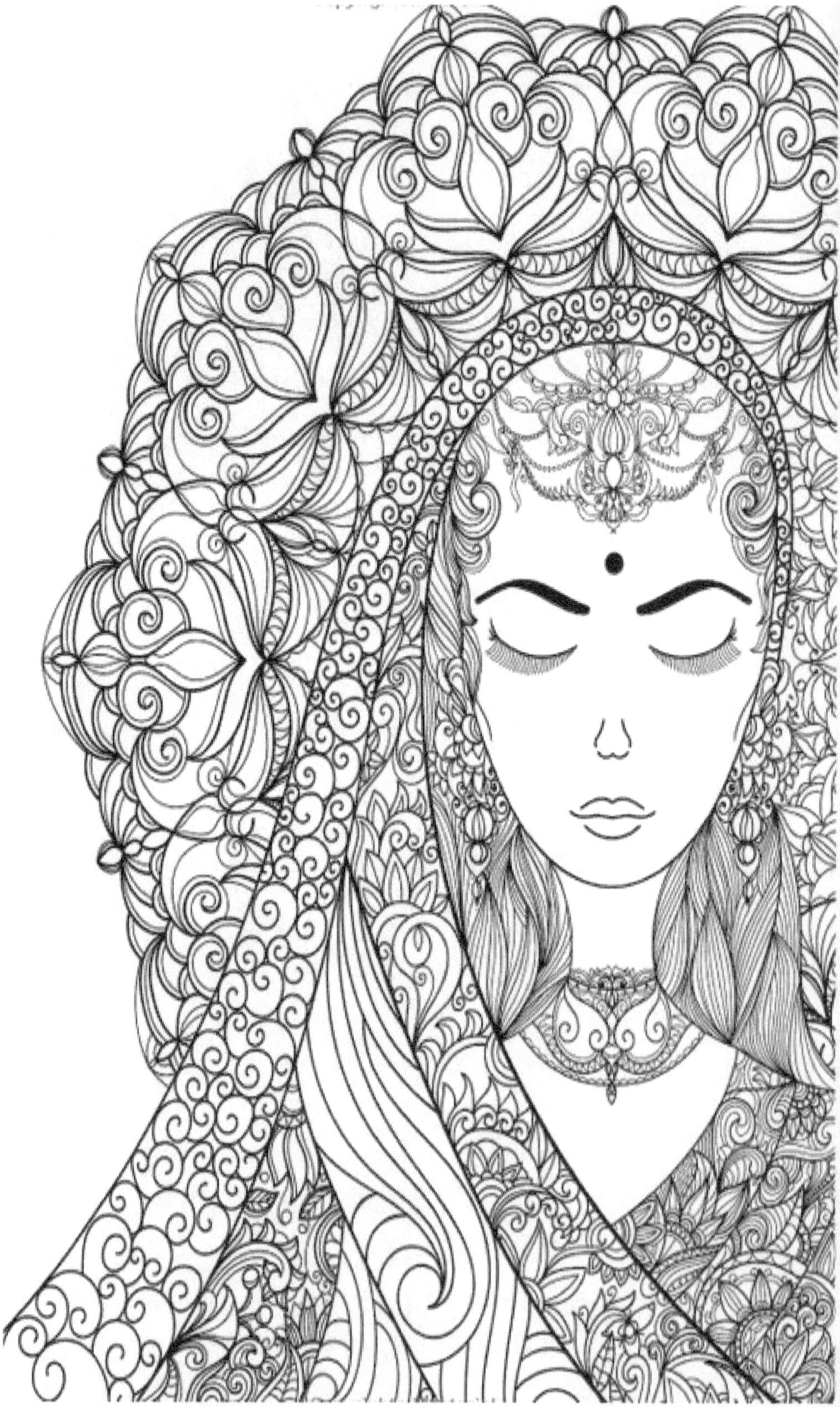

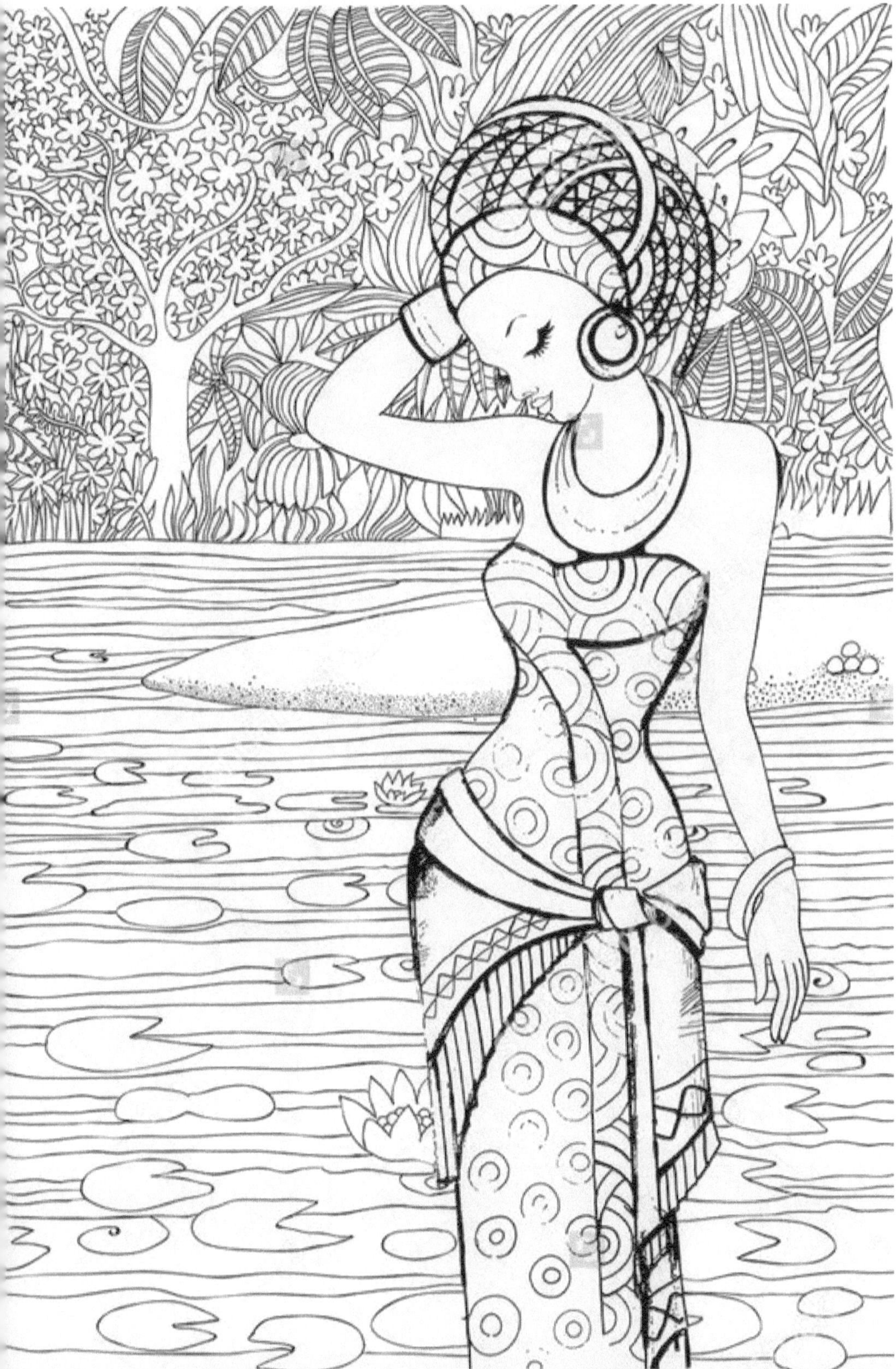

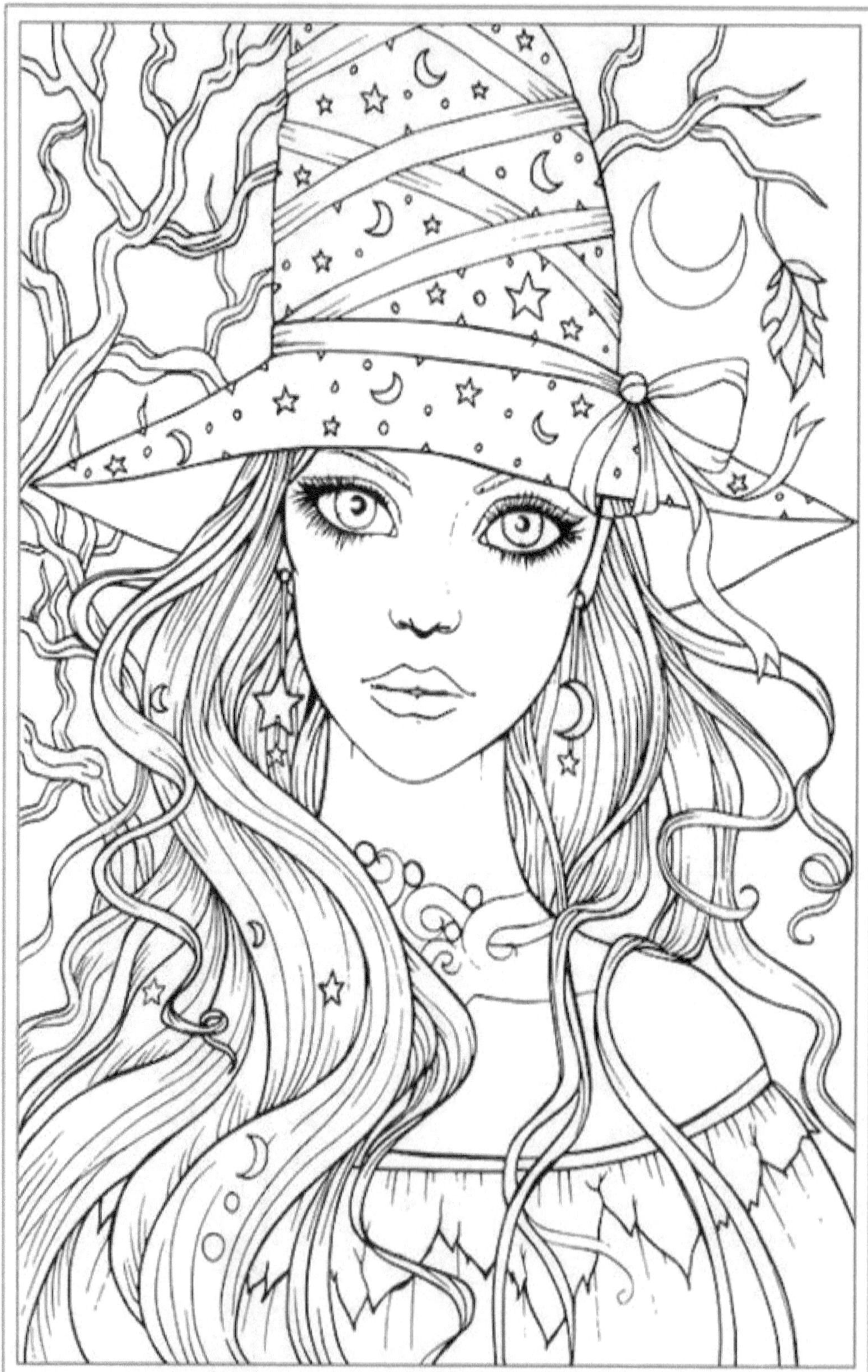

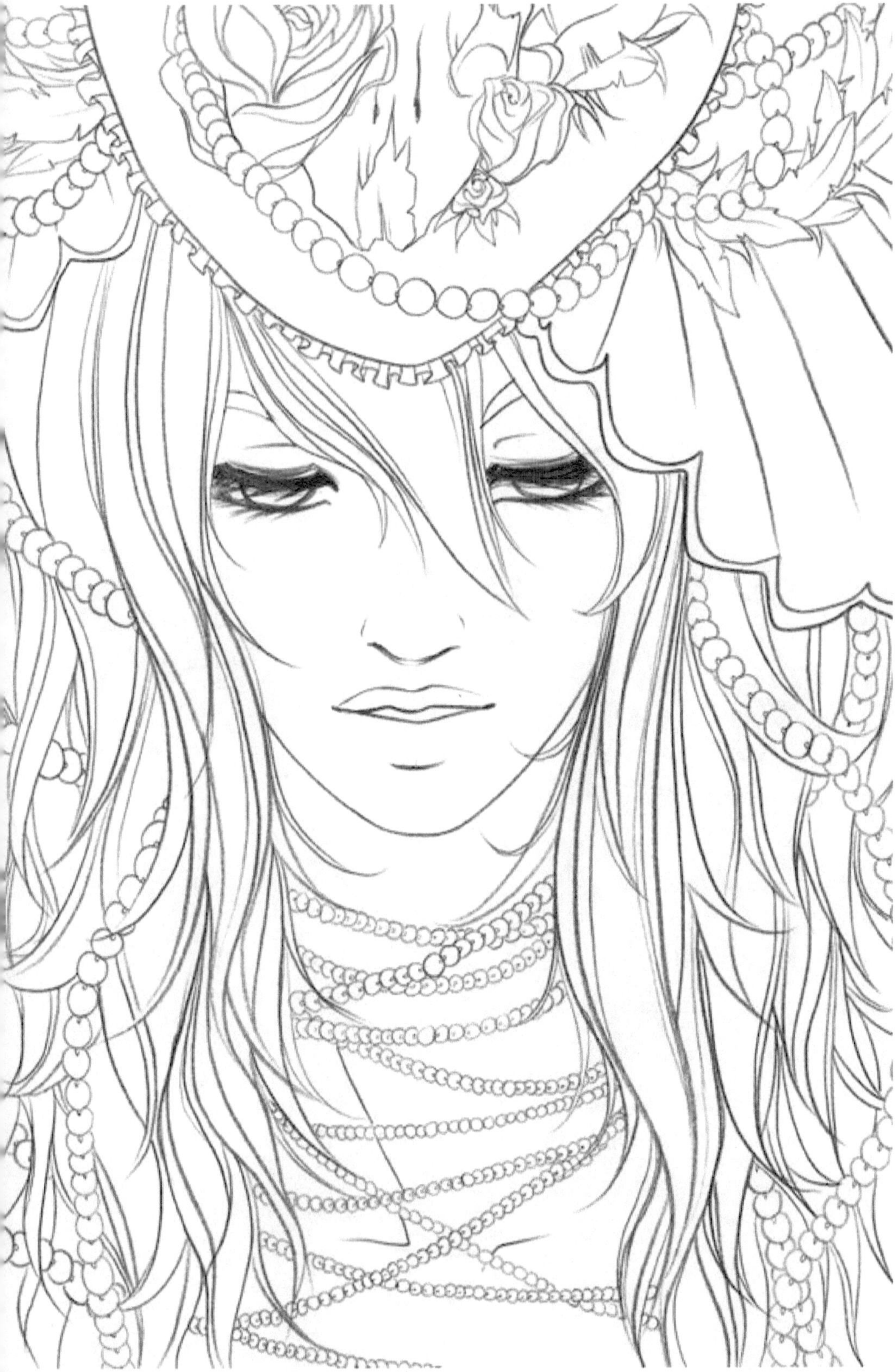

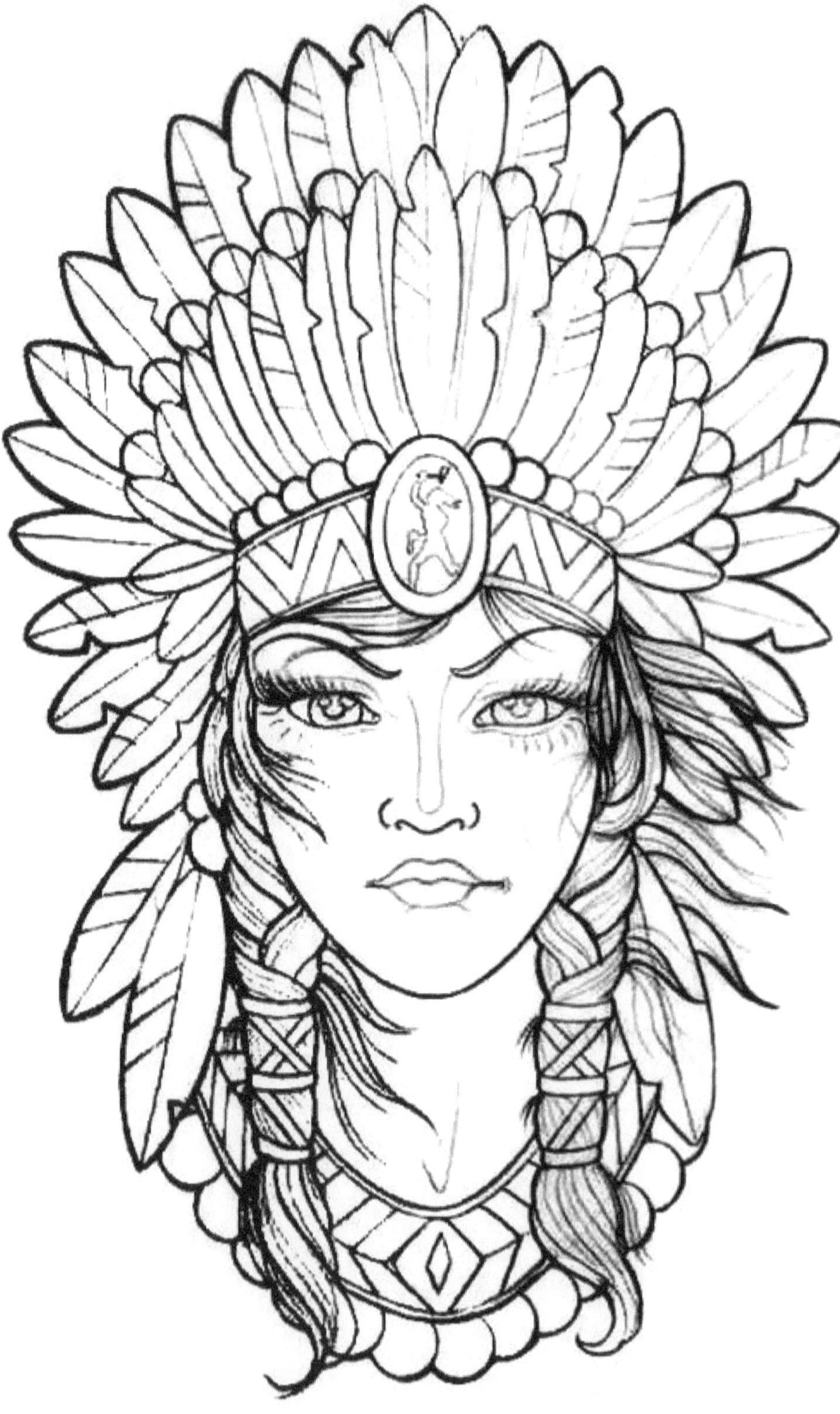

www.ingramcontent.com/pod-product-compliance
Lightning Source LLC
Chambersburg PA
CBHW030558220526
45463CB00007B/3110
* 9 7 9 8 6 4 0 8 1 9 7 2 4 *